翼賛議会型政治・地方民主主義への脅威

地域政党と地方マニフェスト

高寄 昇三

公人の友社

はしがき

　現在の地方政治は，河村名古屋市長，橋下大阪府知事，竹原前阿久根市長に代表される，3人のポピュリストによって，激動の渦中に，投げ出された。
　これらポピュリスト政治は，戦後，保守独占の利権型政治，革新自治体の政策型政治，住民運動の告発型政治とは，異質の大衆扇動型政治である。そのすさまじい破壊力は，今回の大阪府・市議選挙でも，遺憾なく発揮された。
　首長ポピュリズム改革は，性急な上からの強権的な変革であり，市民的政策討議を，十分にふまえた，創造的破壊ではない。
　職員給与・議員報酬削減といった，単一争点の改革効果はみられるが，市民税10％恒久減税，大阪都制などは，かりに実現しても，地域経済振興・市民生活向上へ，どれだけ寄与するかは，疑がわしい。
　これまで自治体改革で，行財政改革は，議論されてきたが，地方政治の政策科学・地域民主化について，ほとんど論争されなかった。かつて革新自治体の誕生は，地方政治への関心を，呼び覚ましたが，その凋落とともに，退潮してしまった。
　地方政党も，無関心のまま放置されてきたが，昨今の地域政党の誕生は，ふたたび地方自治に"政治の季節"を，甦えらせた。しかし，「減税日本」「大阪維新の会」などの首長新党は，議会制民主主義の換骨奪胎を図り，翼賛議会型政治という，地域民主主義の脅威となりつつある。
　首長新党は，有権者の絶大な支持にもかかわらず，何が問題なのかである。政策内容の貧困性，政治手法の強権性，私憤を公憤にかえる巧妙な政治戦術，議会政治の包摂などにみられる，ポピュリズム的要素である。
　既成政党は，ポピュリズム政策の虚構性という，アキレス腱を突くことが，有効な戦術である。しかし，既存政党・地方議会も，政策能力が貧困で，自

己改革なくしては，ポピュリズムに対抗すらできない。

その政治基盤・戦術も，今日の大衆社会では，陳腐化している。「減税日本」「大阪維新の会」などが，地方議会選挙で，新人を大量におくりだす，政党的魅力をもっているが，既存政党は，新しい政治エネルギーを，発掘する意欲も，枯渇しつつある。

地方政治は，ポピュリズムの脅威に，どう対応していくか，新しい対抗戦略として，浮上してきたのが，ローカル・マニフェストである。政策選択基準にもとづいて，市民が政党を選択する，マニフェスト選挙が，ポピュリズムへの対抗システムとして，提唱されている。

地方自治体は，内部経営については，行政評価方式を導入し，行財政改革を軌道にのせたが，地方政治の政策科学化・民主化については，改革のツールが，欠落していた。地方マニフェストは，このような政治の政策科学化に，応える改革として，地方政治に浸透しつつある。

ただマニフェストの実施も，すでに7・8年がたち，マニフェスト選挙は普及しつつあるが，ポピュリズムへの実効性ある対抗機能を，発揮していない。統一地方選挙をみても，争点選挙，ムード選挙，知名度選挙が，主導性をもって展開され，政策型選挙のマニフェスト選挙は，敗北を余儀なくされた。

それにもかかわらず，地域民主主義の防御は，マニフェスト選挙という政策型対応しかなく，そのうえで第2の防御装置として，住民投票制の導入が，提案されている。ただ住民投票は，地方政治の民主化・活性化の手段として期待されているが，ポピュリストも，リコール制を駆使して，政治勢力拡大を図っている。

したがって一歩，対応を誤ると，地域民主主義の死滅という，政治代償を支払わされる。それでも直接民主制の原点に回帰し，市民討議による住民投票の活用こそ，市民主権の復権の決め手として，再評価されつつある。

選挙・議会・行政おける，市民討議をベースとした，改革をつづけ，地域社会における最終的決定は，住民投票によるというシステムを，構築してい

けば，ポピュリズム淘汰は，決して夢でない。

　本書では，首長新党のポピュリズムの脅威に，どう対応していくのか。現実の問題として，大阪都構想をめぐる，大阪府・市の統一地方選挙のマニフェストを素材に，地域政党，地方選挙・ローカル・マニフェストの課題を論及し，地域民主主義成長への戦略をこころみた。なお議会改革・自治体経営・住民投票については，枚数の関係から，理論的な整理にとどめた。

　統一地方選挙によって，橋下知事は，大阪府議会にあっては，維新の会が，単独過半数を確保し，政治的には議会内閣制を形成して，首長主導型行政を確固たるものにした。さらに今秋の大阪市長選挙には，大阪府知事を辞任し，ダブル選挙を実施し，府市の完全制圧を宣言している。

　しかし，河村市長のトリプル選挙・橋下知事のダブル選挙といい，さらに東国原前宮崎県知事の一期退任といい，地方行政を，個人の政治的手段として，玩んでよいのか。名古屋市・大阪府・宮崎県にしても，無数の地域課題を放りだして，自己の政治的打算だけを，優先さえてよいのか。

　本書は，地方政治の再生への処方箋を，描いたものであるが，もともとは，橋下知事の大阪都構想への反対論から，はじめた一連の争点整理を，ベースにしている。

　『政令指定都市がめざすもの』(2009)，『大阪都構想と橋下政治の検証』(2010)，『虚構・大阪都構想への反論』(2010)，『大阪市存続・大阪都粉砕の戦略』(2011) であり，いずれも「公人の友社」のブックレットである。

　本書は地方選挙という，視点から大阪都構想をながめ，ポピュリズムの猛威のなかで，政策型選挙が，どれだけ集票効果を，発揮できたかを検証し，地域民主主義再生への処方箋を描いてみた。再三の出版という，無理なお願いを，引き受けていただいた，公人の友社の武内英晴社長に心から感謝します。

　　2011年5月

　　　　　　　　　　　　　　　　　　　　　高寄　昇三

目　　次

　　はしがき ……………………………………………………… 3

Ⅰ　地域政党と地方政治の変貌 ……………………………… 7

　　1　地域政党台頭の背景と課題 ………………………… 8
　　2　首長新党政策の検証と評価 ………………………… 15
　　3　首長新党と二元代表制の動揺 ……………………… 25
　　4　首長主導型地域政党の危険性 ……………………… 34

Ⅱ　地方選挙とローカル・マニフェスト …………………… 45

　　1　ローカル・マニフェストの効用 …………………… 46
　　2　大阪地方選挙と政党マニフェスト ………………… 53
　　3　マニフェストと大阪都論争の空転 ………………… 63
　　4　「減税日本」と減税政策の検証 …………………… 69
　　5　ローカル・マニフェストの再編成 ………………… 78

Ⅲ　地方政治再生と自治体改革 ……………………………… 93

　　1　自治体改革の視点と処方箋 ………………………… 94
　　2　地方議会改革の核心と構図 ………………………… 102
　　3　市民主権と住民投票の再生 ………………………… 106

I　地方政治と地域政党の変貌

1　地域政党台頭の背景と課題

　地方政党が，地方政治で，どのような役割を担い，どのような成果をもたらしてきたか，実のところ論じられていない。そもそも地方政党そのものが，存在したのかである。

　これまで地方政党といっても，中央政党の支部であり，地方独自の政党活動が，なされていたわけでない。要するに「代議士の後援会の寄せ集め」(山口二郎『政治改革』32頁．以下，山口・前掲書Ⅰ）と，揶揄されている。

　ところが「減税日本」「大阪維新の会」などの地域政党は，独自の地方政党として，政治活動を展開しているが，地方政治情勢も，星雲状況で，事実だけが，先行している。

　しかも首長新党は，それなりに政党として組織化されているが，議員型地域政党は，地方政党会派か政策研究集団か，未知数のままである。

　ただ政党という名にふさわしい，地方政党が，発達しなかった原因としては，第1に，地方政党は，中央政党の下部組織として，甘んじてきた。自治体が，独自の施策展開をするのであれば，政治的対立が発生し，地域政党が設立されるのが，当然といえる。

　しかし，地方行政は，開発行政のみでなく，福祉行政でも，政府の法制・財源措置の影響力が大きく，問題解決は，自治体レベルの処理でなく，国・地方の政府間関係に，転換されていった。

　すなわち地方政党は，政府への口利きが，最大の使命であった。地方政党は，中央政党の勢力基盤拡大の尖兵に過ぎず，地方議員も，中央政党とのつながりで，それなりの使命感を抱いていた。

　政治的にみても，保守政党の自民党は，地縁・血縁で組織化して，自己の選挙基盤としてきた。一方，革新政党の社会・共産党は，労働組合などを，党勢活動の母体としていた。したがって地方政党として，独自の政策論争を

なす意欲は，希薄であった。

この点，「大阪維新の会」「減税日本」も，地域社会における，政治的政策の対立から創設された，政党とは必ずしもいえない。「減税日本」にして，「大阪維新の会」にしても，政策的結社というより，目前に迫った地方選挙のため，選挙対策としての派閥的結社といえる。

第2に，政策的対立が，必ずしも地域政党の創設につながらなかった。政党対立が，比較的鮮明となったのは，1960～1980年の革新自治体であり，地域開発をめぐって，開発か保全か，成長か福祉かの対立が発生した。

当時の政権党である，自由民主党系の保守首長と，社会・共産党の支持をうけた，革新自治体候補の激突であった。

中央政治では，劣勢であった，革新勢力は，地方選挙では大衆の支持をうけ，主要都市自治体を，制圧していった。しかし，地方政党が，設立されることはなく，中央政党の代理戦争ですませた。

ただ市民派といわれる，地方議員が，全国各地で誕生し，行政をチェックし，議会改革化への起爆剤となったが，大きな政治変革のうねりとならなかった。

第3に，革新自治体以降は，政治の季節は遠のき，有力候補者への「相乗り」方式が，普及していった。むしろ地方では政治より経営が，重要な要素であり，無用の対立でエネルギーを消耗するより，財政悪化を克服するため，減量経営の浸透に，専念すべきとの方向が定着し，「相乗り」首長が，各地で誕生した。政策対立より，政治的安定を優先した。

このような行政の季節のなかで，1990年代，改革派知事が，地方政治に活気を吹き込んだ。橋本高知県知事，浅野宮城県知事，北川三重県知事，片山鳥取県知事，田中長野県知事などが，自治体改革をすすめた。

これら知事は，それぞれ「相乗り」型の知事による，政治的閉塞感を，打破するために，市民的無党派的候補者として，既成政党がかつぐ，官僚候補者と対決した。

たとえば三重県では農林水産省の官僚出身者が，2代40年にわたって続い

ていたが，今度は副知事が，出馬表明した。そのため，官僚主義打破を掲げて，国会議員であった，北川氏が挑戦した。橋本知事も同様であり，浅野知事は，汚職打破であった。

いずれもマンネリの行政・議会改革をめざし，行政実績を築いたが，長期政権の腐敗を嫌い，退職していった。実力・実績において，今日のポピュリスト的首長を，上回るにもかかわらず，どうして政治旋風を起さなかったのか。

1つに，財政運営においても，橋下知事のようなコストカッターとして，演出はしなかった。また敵対勢力をみつけ，マスメディアが注目する，政治的行動をとることもなかった。

2つに，政府との対決姿勢，地方議会・官僚との抗争において，不完全燃焼といった改革の微温的対応に終始した。河村市長のように議員報酬・減税措置といった，シングルイシュー（単一争点）で，議会に痛打を浴びせることもなかった。

3つに，自治体行財政改革に，力点がおかれた。北川知事の行政評価方式・産業廃棄物税など，立派な業績であったが，橋下知事にくらべ，情報発信力は，自己抑制気味であった。

例外は，田中長野県知事の脱ダム宣言で，公共投資の投資戦略の見直しという，単一争点で，マスコミの注目をあびたが，急ぎ過ぎた改革で，既存勢力の反撃で，退陣を余儀なくされた。

4つに，革新自治体のように，全国的に連携して，自治体改革・政治改革を，訴えることはなく，個別自治体における，自己の行政実績を達成するだけであった。

第4に，地方政党は，中央政治のコピーとして，地方選挙ではみなされてきた。21世紀となり，政権交代として，民主党の登場となった。

民主党は，07年の東京都議会議員選挙では，「東京から政権交代」をスローガンで，民主党が，34から54議席へ躍進し，自民党が48から28議席へ，退潮していった。今回の統一地方選挙で，地方民主党は，中央民主党の人気低迷の余波で，惨敗を余儀なくされた。

今日でも、「統一選挙は、自治体の政策を選んだり評価する選挙ではなく、国政選挙の前哨戦の意味しかもたなくなる危惧がある」（牛山久仁彦「国政に影響を受ける自治体選挙」『職員研修』2011年4月23頁、以下、牛山・前掲論文）と、憂慮されている。

このような愚かしい事態を、脱皮するには、既存政党の地方支部も、独自固有名称をかかげて、地域政治活動をめざすべきではないか。

第5に、自治体改革において、地方政治改革は、対象外であり、そのため政策型選挙をささえる市民政治意識の成熟は、放任されたままであった。しかし、2000年に入ると、行財政改革を徹底するため、政府と自治体、首長と議会・行政との対立激化をいとわない、強権的首長の登場がみられた。

河村市長・橋下知事は、既存政党である、民主党・自民党に擁立されて、当選したが、当選後は、政党の枠組みにとらわれず、橋下知事は、大阪市をダメ大阪市とこきおろし、河村名古屋市長は、地方議員をダメ議員として酷評し、地方改革の狼煙をあげた。

現在では、民主党・自民党と対立し、既存政党との対決という図式で、従来の中央政党の代理戦争ではなく、既存政党対首長新党の激突という、地域レベルでの対決様相を呈していった。

ここに地方議会議員は、既成政党にふみとどまり、首長主導型政治への抵抗勢力となるか、首長の絶大なる人気に擦り寄り、与党として身分の安全に、保険をかけるかの、選択を迫られた。

首長新党の誕生は、たしかに政策的対立は、明確となった、減税による地域経済振興、大阪市抹殺による広域行政展開などは、新自由主義への信奉といえる。

ここに「新自由主義」対「伝統的保守・革新主義」の対立という、新しい政治構図ができたが、同時にポピュリズム対地域民主主義の対立でもあった。

今後、政策型政治をめざして、既存政党がどれだけ、古い体質を脱皮し、首長新党のポピュリズムに、どう対応するかである。なかでも首長新党にどこまで抵抗し、新保守・革新主義という、政治勢力の復活がなせるかである。

しかし，首長新党は，すんなりと政策型政治を受け入れることはないであろう。これまでの政治戦術をみても，単一争点をつぎつぎとうちだし，市民的迎合型の選挙戦略を展開しつづけるであろう。

　第1に，地域政党は，政策対立から誕生したのではない。「大阪維新の会」の地域政党誕生の契機となったのは，大阪府自民党の分裂である。当時，自民党大阪府連の政調会長だった浅田均議員が，自民党の中央優位の党運営に嫌気がさし，07年の選挙で「地域政党の設立」を，公約にかかげた。

　そこには中央政党の使い走りに，利用されてきた，地方議員の不満が，蓄積されており，大会派の地方政党では，内部の会派的対立が，いつもくすぶりつづけていた。従来ならば，新会派の分離独立ですんだが，選挙戦略から，首長派の政治勢力への合流となった。

　大阪府の場合は，大阪府庁舎の移転問題で，自民党は分裂し，25名の府議が，党籍をおいたまま，「自民党維新の会」を結成した。一応は，自民党の会派であったが，「離党勧告」をうけて，橋下知事とともに，「大阪維新の会」を結成した。

　他党からの参加もあり，29名の最大会派に，一気にのしあがった（出井康博『首長たちの革命』222～228頁参照）。このような新興勢力を，政治的に結合させる，政治スローガンが，大阪都構想であった。

　一方，名古屋議会では，11年3月の解散選挙で，「減税日本」が，1名から28名に躍進しており，選挙による，既成政党をきりくずし，地域政党としての地位を確立した。

　その背景には，議会改革という課題が，新人候補の立候補を，心情的にかき立て，リコール運動も，これら候補者が参画し，勢力拡張の玄妙な戦術でもあったといえる。

　首長新党は，地方政党の会派的分裂・門戸開放から生まれ，勢力を拡大しつつある。しかし，それは党首である首長の絶大な支持率を背景にした，集票機能に魅みせられたからであり，地域政党，本来の動きであるといえるか，疑問である。

要するに首長新党の躍進は，「これまでの政党に飽き足らなくなった有権者の不満の受け皿になった」(11.4.12,朝日投書欄)，という，反射的利益である。政党としてスローガンは，明確であるが，内容は曖昧模糊としている。

市民としては「維新の会とその代表である橋下知事が目指すものが何なのかが，いま一つ分からない」(同前)というのが，市民の正直な感想であろう。本来，地方自治体の基本的使命である，福祉・環境・教育などの分野のみでなく，経済振興においても，全体としての理念・ビジョンがみえないからである。

ポピュリズムといえども，ムード・ビジョンといった，感性だけで，いつまでも有権者をひきつけることはできない。今後，既存政党もふくめて，如何に卓抜した政策を，打ちだしていけるかが，当該政党の命運を，決めることになる。

第2に，地域政党の系譜をみると，古い地域政党としては，1950年に結成された沖縄社会大衆党があり，最近では嘉田由紀子滋賀県知事が，「対話でつなごう滋賀の会」を結成し，2007年の県議員選挙(定数47)に公認4人を当選させたが，今回の統一地方選挙で，倍増をめざしたが，現状維持にとどまった。

ただ「地域政党(地方政党)は，それほど新しいものではない。老舗である『沖縄社会大衆党』や『神奈川ネットワーク運動』を想定すればよい。また，1995年統一地方選挙で，地域政党が広範に議席をとった。都道府県議会レベルだけを例示すれば，神奈川ネットワーク運動をはじめ，市民新党にいがた，いきいき新潟をつくる県民連合，21世紀をめざす県民連合(滋賀県)，新政会(京都府)，府民の会(大阪府)，福島県農政連である。その後も，『杜の市民・県民会議』(宮城県，99年発足)，『市民連合かわさき』(川崎市，99年発足)，『ボォイスいちはら』(市原市，98年発足)，『農民連合・近畿』(京都府，95年発足)」(江藤俊昭『地方議会改革』125頁，以下，江藤・前掲書Ⅰ)が設立されている。

その後も活発に地方政党設立が，つづいているが，政治グループの類もあり，議席のない政治集団もあり，さらにマスコミむけの宣伝効果をねらった，

組織化であったり，必ずしも明確な地域政策や，政治勢力もない団体もすくなくない。

　このような政治動向に，新しい転機をもたらしたのが，首長主導型の地域政党，いわゆる首長新党である。10年4月に橋下知事の「大阪維新の会」，河村市長の「減税日本」が結成された。

　一方「大阪維新の会」，「減税日本」に刺激され，10年8月に京都市で「京都党」，12月に亀岡市で「亀岡・キセキ」，11月に大阪府吹田市で「吹田新選会」，4月には岩手県で「地方政治いわて」，静岡県磐田市で「地域主権・静岡」などの，議員型地域政党が発足している（11年1月13日，朝日参照）。

　このたびの統一地方選挙でも，11年3月2日，三重県下の7首長が，「日本の原点」という政治集団を立ち上げ，三重県知事選候補・前津市長松田直久氏の推薦を決め，選挙にのぞんだが，自民党候補者に僅差で敗北した。

　第3に，地域政党の設立は，選挙ごとに加速化していった。これらの地方政党は，「神奈川ネットワーク」のように，政治契約を全国政党とむすび，特定政党の候補者を支援していく，動きもみられる。

　「減税日本」「大阪維新の会」は，全国的展開はなく，その近隣にとどまっているが，維新の会は，登録パテントがあるわけでないので，全国に維新の会が，設立され，それぞれ政治活動を，展開しつつある。

　これら維新の会が，全国政党への展開をめざして，大同団結するかどうかは，中央の政治状況もふくめて，流動的である。

　ただ統一地方選挙で注目されるのは，「みんなの党」が，府県議会議員選挙で，40人の議員を当選させたことである。今後とも単一争点の政党が，成立し，勢力拡大が予想される。

2　首長新党政策の検証と評価

　地域政党の創設は，既成政党にとっては衝撃である。橋下知事は，「自治体の首長が代表に就く地域政党は今後，首長が政治力を発揮する最高のツールになる」(11.1.1, 朝日) と，明言している。地方自治制における，二元代表制との制度・運用上の矛盾は，もともと眼中にない。今日の地域政党は，一体，どのような政治集団なのであろうか。
　第1のタイプである「議員型地域政党」についてみると，数多くみられるが，政治勢力としては，未知数である。第1に，「議員結合型」は，既成政党にあきたらず，新鮮な改革・運動テーマをかかげて，政治グループを，結成したケースが多い。「板橋民主党（東京都）」「ヨコハマから日本を変える会（横浜市）」と，地域政党という色を，強く出す政治集団などである。
　新規の地方議員への候補者が，既成政党でなく，独自の政党として結成されている。政策的要素もみられるが，多分に選挙対策の色彩が濃い。しかし，新人の地方議会への門戸は，狭き門であり，市民型政党などが，全国ネットワークで支援するシステムが必要である。
　第2には，「後援会系列型」(河村和徳) とよべる，「既成政党を離党した国会議員の系列地方議員によって結成された政治集団」(河村和徳「地域政党の新時代到来？」『職員研修』2011年4月, 32頁. 以下, 河村・前掲論文) もある。
　また「新政みえ（三重県）」「新進石川（石川県）」のように「候補者の擁立」「選挙運動の協動」など地域政党は，実態があっても，「構成員の認識が，地域政党まで昇華していない政治集団」(河村・前掲論文32頁) といわれている。
　第2のタイプの「首長型地域政党」は，「大阪維新の会」「減税日本」で，議員型地域政党とかなり違う。すでに地方政権を，掌握している，いわゆる首長新党であり，既成政党との対立が，激化しつつある。
　第1に，首長という権力者が，党首である。要するに政権党であり，所属

する議員が，当該首長の選出に努力したのでなく，首長はすでに選出されており，その後，首長自身を党首として，賛同する議員・市民を集めて，地域政党を立ち上げた。

第2に，地域政党の議員は，すでに議員であった人たちが，既成政党・会派を離脱して，参入するか，選挙候補者が，首長の支持をあてこんで，参加したかである。いずれも政策的要素・主義主張より，選挙対策として，糾合をしていったのが，実態といえる。

第3に，首長の政治勢力，いいかえれば人気を，求心力として，結合している。したがって首長の支持率が，高まれば，党員の地位は，比較的安泰であるが，首長の人気がゆらぐと，議員の地位も，危なくなる。要するに首長への依存度がきわめて大きく，首長と一蓮托生の政治集団であるといえる。

第3のタイプに，「市民運動型地域政党」がある。地域政党の「老舗」のひとつに「生活者ネット」がある。食の安全をかかげて30年の活動実績があり，北海道から熊本まで10地域政党があり，昨年末約134人の地方議員が所属している。市民運動出身の議員で構成される，「虹と緑の500人」がある。「ローパス」（地域政党研究）という名で，自治体議員の政策研究をすすめ，全国的な結集を図ってきた。

これら市民型政党は，「市民運動の延長線上にあり，単一の争点について意見を同じくする市民が対等の立場で形成するネットワーク型の組織から成る。こうした政党は，とくに地方議会で行政をチェックする機能を担うのにふさわしい」（山口・前掲書Ⅰ 147頁）といわれている。

イギリスの地域政党ともちがう，市民的地方政党として，独立党（Independent Party），納税者連合（Rate Payer and Residents）といった，市民政党が自治体監視を，目的として活動している。政治勢力は，大都市圏では数％以下であるが，非大都市圏の小規模自治体では，多数政党として，市政を徹底監視・運営している（拙著『イギリスの地方自治』勁草書房，参照）。

ただ市民型運動型政党は，地方議会における構成は，小会派であり，行政チェック機能が限度であるが，それでも議会の乱脈・暴走を阻止する機能は，

保有している。しかし，大阪府・市の地方議会の構成は，中和剤・緩衝帯となる，市民政党勢力は，欠落しており，ポピュリズム政党と，既成政党の正面衝突となっている。

今日の地方政治は，既存政党が弱体化し，主導的政党が欠落し，混迷をふかめ，市民は政党への幻滅から，投票の選択基準を，現状変革への期待感へスライドさせ，地方政治は，ますます劣化しつつある。

このような市民の欲求不満をうけいれる，市民型政党は，乏しく，強力なリーダシップを背景にした，首長新党が，選挙の争点化を演出し，その政治戦術を駆使し，勢力を拡大していった。

地域政党の特色は，首長型・議員型・市民型を問わず，地縁・血縁そして利害に関係がない，地域的政党であり，そのため地域政党の選挙戦略が，既成政党とは異質の革新的な魅力をもっていると，市民に受けいれられていった。

ただ地域政党の選挙戦術・支持母体などをみると，市民型地域政党のように，地域民主主義復権への，足がかりとなるか疑問である。

それは，市民的活動の実績，政策的論議の密度からみて，その政治姿勢は，かけ離れているからである。環境・福祉・景観などの地道な地域運動の実績が，あまりにも乏しい。

地方政治は，はたして蘇るのか，今度の統一地方選挙の結果をふまえて，その政策政党として未成熟性と，政治活動による危険性がみられる。まず首長新党の「政策性」から，診断しみてる。

第1に，「政策形成・内容」についてみると，地域政党は，地方政治において，政策的論議をベースにした，地方政治の構築ではない。政党内部の論議からではなく，党首である首長の個人的発想が，当該政党の主要綱領となっている。その政策のもとに，政治勢力拡大・議席確保を狙って集合したといえる。

「減税日本」の「市民税10％減税」は，政策的にはナンセンであり，「大阪維新の会」の大阪都構想にしても，混乱と無駄な制度の拡大生産をきたすだ

けで，創造的破壊ではない。ただ現在の地方政治・地方行政の閉塞感を，打開する点において，その実績は認めなければならない。

　第2に，「政策提示」という点では，既存政党対地域政党という，対立の構図で，河村名古屋市長の市民税10％減税，橋下大阪府知事の大阪都構想のように，政策はきわめて明確である。

　これまで既成政党は，政策創造という面では，前岩手県知事増田寛也（元総務相）は「地域主権を唱えながら政策は中央から降ってくるものが多く，有権者は物足りなさを感じている」（11.1.13, 朝日）と，その無気力ぶりが指摘されている。要するに既成政党は，沈滞化しており，本来の議員機能を発揮していない。

　第3は，「政策水準」という点では，首長・議員型は，速成政策であるが，市民型は熟成政策といえ，異質の政策形成の系譜がみられる。市民派議員は，地域活動を通じて，政治に関心をもち，議会への進出がみられた。「大阪維新の会」の地域政党は，このような市民派とは，理念・対応からみて異質である。

　実際の選挙戦術は，政策より期待感・危機感・閉塞感が，大きな要素をしめる，ムード選挙を得意としており，首長の政治信条を強く反映し，政策的論議が甘く，政策水準を低くしている。

　たとえば大阪経済振興策をめぐって，既存政党と対立したのでなく，まったく橋下知事個人的発想から派生したものであり，河村市長の減税は，従来からの持論であり，はじめに減税ありきであった。

　党首である，首長の政策感覚も，短絡的で思い込みが激しい。河村市長の経済感覚をみても，「国債の90％以上は国内保有で，………つまり，日本の借金でなく，日本の『貯金』なのだ」（河村たかし『名古屋発どえらい革命！』29頁；以下，河村・前掲書）と，借金をまったく苦にしていない。

　橋下知事の地域経済論をみても，「東京が発展したのは，東京都制をしく，東京都が中心に存在するからであり，大阪都が実現すれば，大阪経済の復権はなる」（2011年1月4日，読売テレビ・ten！新春SP）という，単純な論理であ

るが，常識的にみても，奇妙なこじつけの論理にしか映らない。

　ただ首長新党のマニフェストは，既存政党にくらべれば，見劣りしないが，政策面でも強引な点が多い。「大阪維新の会」は，二重行政解消で，7,000億円の節減と提唱し，マスメディアも信用している。

　しかし，その積算根拠はなく，大阪市立大学・大阪府立大学も，二重行政に積算されおり，その政策性は，綿密性がない。

　第4に，「政策類型」では，地域政党は，単一争点型で，速成政党として，政策的内容は，総合的政策集団としては，未成熟である。地域政党の誕生をみてみると，政策的対立が政党をうみ，その活動も政策ベースで，展開されるという，オーソドックスな経過をたどっていない。

　その政策は，市民感覚への訴えを戦術としているので，観念的感性的である。たとえば大阪経済の沈滞ぶりを嘆き，いたずらに悲壮感をばらまき，自虐的に市民の関心を，誘う戦術である。

　橋下知事は「日本丸は（このままでは）沈むでしょう。まず大阪丸からつくり直して前に進みましょう。制度を変えるのは政治家です。これから既存政党と大戦争となるでしょう」（「大阪市解体をめぐる戦い」『週刊ダイヤモンド』2010.6.5，109頁）と，ことさらに危機感を，煽りたてている。悲壮感の裏返しとして，自己顕示欲の鼓舞であり，「大阪維新の会」で，日本をかえようという，精神パターンである。

　かって地方開発で，新産業都市とかテクノポリスとか，政府の政策に地域社会は，夢を託したが，開発事業は無残に失敗の憂き目をみた，苦い経験に泣かされたが，今度も，首長の甘い判断からでた，経済復興に踊らされないように慎重に対応すべきである。

　たしかに経済は低迷し，政治は閉塞しているが，実態打破は，短兵急に解決できる問題ではない。経済大国から脱落しても，幸福大国になればよい。「日本人は，今，完全に自信喪失しています。生活が脅かされているという不安やあせりから，とにかく『開国』を急げとか，技術力はまだあるから大丈夫とか，議論が単純な白か黒かの話になる。国も地方もそういう形でしか

19

政治が動かなくなっていることは，日本の民主主義が陥ったワナです」(佐伯啓思，11.2.23，朝日)，と，性急な打開策を，戒めている。

また「閉塞感からの出口があるとすれば政府がまともな長期プランを作ることです。………消費税をあげないと言い，財政再建をめざしてバラマキをしたり，方針が定まらないのが最大の問題」(同前)と，指摘している。

地方政策においても，同様であるが，ポピュリズムは，過激で速成的改革を，ひたすら追い求めており，減量経営が，その好例である。

第5に，「政策討議」という視点からみると，政策的対立があって，政党同士が，政策を競いあうという，政治図式でなく，相手を攻撃し，壊滅させる戦法である。「大阪市をぶっつぶす」という，橋下知事と冷静な政策論議などはできない。

政争が激化するのは，地方政治が，活性化するので，好ましいといえないことはないが，それが政策論争にまで昇華するかである。「自治体における政策争点が明らかにされ，それを有権者が選択することで，選挙結果が決定されるべき」(牛山・前掲論文，23頁)という，水準まで成熟しない。

地域政党は，単一争点型政治の創設である。「10％恒久減税をする」という公約について，「政治家は『言ったこと，約束は，守らにゃいかん』」(河村・前掲書10頁)と，公約優先の政治を口実に，名古屋市議会の議員報酬半減，議員定数75から38への削減，政務調査費の廃止をめざしたが，条例案は否決された。

すると混乱の責任をとるという，名目で辞職し，トリプル選挙に持ち込んだが，マニフェストの拘束性を，逆手にとった玄妙な戦術で，「大義なき解散」と，非難されている。

このような政治戦術的要素のつよい，首長新党は，選挙がすべてであり，政策論議をすすめ，市民の判断を仰ぐという，様子はみられない。

大阪都構想をみても，「大阪維新の会」を立ち上げ，問答無用の政治決着をめざしている。大阪府自治制度研究会すら，賛同していないが，橋下知事は，少しもひるむ気配はない。これでは討議による健全な地域民主主義が，

発達するはずがない。
　橋下知事の大阪都構想は，11年になってやっと，解禁されたが，それまでは橋下知事の個人的政治活動であり，府議会と無関係ということで，議会討論は封印されていた。しかし，このような理屈が，議会で通用すること自体が，不思議である。
　第6に，「政策実現への政治手法」である。その政治手法は，従来のポピュリスト的な地方政治家とは異なり，本格的ポピュリストである。特定の攻撃目標の設定，政治圧力による反対勢力への威圧，支援勢力の社会的糾合などであるが，なかでも煽動型改革の活用と，地域政党の創設である。
　石原東京都知事と橋下大阪府知事は，世間的にはともにポピュリストと称されている。しかし，石原知事は，自民党などを，与党的存在としているだけで，独自の地域政党をたちあげていない。一方，橋下知事は，「大阪維新の会」を立ち上げ，府議会で過半数の第1党の勢力を，傘下におさめている。
　このような議会与党の形成という動きは，ある意味では，相乗り首長の場合も一緒で，「『議会内に与党をつくりたい首長』『与党になりたい地方議員』の思惑が一致している」（河村・前掲論文33頁）といわれている。
　しかし，大きな相違点は，「県民党・市民党は『敵をつくらない』思考の中で誕生したものといえるだろうし，一方，昨今の首長主導型の地域政党は『明確な敵を自治体内につくって，それを叩くことで首長主導を達成する』色合いが強い」（同前33頁）と，その戦術の違いが説明されている。
　むしろ危惧されるのは，ポピュリスト集団としての多数党が，対立政党を討議でなく，強権を発動して，首長と二人三脚で，翼賛会的行動に打ってでることである。それならば政策も民意も，必要はないからである。
　今回の統一地方選挙で，大阪府議会は，「大阪維新の会」が，過半数をしめたが，どのような論争が，知事と「大阪維新の会」で展開されるのか，成り行きが注目される。
　地方政治においては，政党間の対立・相違点はなく，むしろ派閥・利害関係などから，候補者が選定されていった。しかし，地域政党の誕生は，既成

政党の談合的候補者えらびに，波紋を投げかけることになった。

　第7に，「政策過程における市民討議の密度」である。市民型地域政党では，本来の環境・消費・福祉などの実践運動の積み重ねがあり，市民討議は内輪のみといわれても，それなりの討論はなされている。

　地方政治における市民参加は，既存政党からして不十分で，地方政党のみを責められないが，地方議会改革でも，議員報酬が，政争のターゲットとされているが，市民討議にもとづく議会運営は，ほとんど政治テーマにはなっていない。

　名古屋市の議会リコールをみても，議会改革のため，河村市長は，どれだけ努力したかである。議案が否決されたから，即リコールという対応である。議会改革をめぐる討議というより，議員憎しの私憤が，爆発しただけで，自治体改革を，遂行するだけの，総合政策や粘りのあるものでない。

　ポピュリストと，既成政党との討論をみても，議員報酬について，ポピュリストはボランティアでよい，特別区にすれば小規模になり，市民参加がすすむなど，政策論としては，あまりにも稚拙で，論理の飛躍がみられ，議論にならない。一方的に私憤を，ぶつけるだけで，そのため本格的なテレビ討論は，なされていない。

　マスメディアもふくめて，市民による政策討議にもとづく，"輿論"形成をどうするか，真剣に検討しなければ，地方政治は，いつまでも政党勢力抗争の生臭い巷のままである。討論なき政治のもとで，地方政治の混乱がつづくであろう。

　問題は首長新党では，多くは議会対決型で，一元的支配をめざす，政治的欲望が強く，はじめに結論ありきで，議会討論は，もともと重視していない。熟議による政治より，数による政治である。ポピュリズムの政治手法は，竹原前市長がいみじくも，自己の著書を『独裁者・ブログ市長の改革』と，命名しているように，その強権的破壊である。

　第8に，政策実現の可能性という視点からは，市民型は地方議会の少数派であり，政策転換というような実力はない。しかし，首長型は，政権党とし

て，従来の与党より，はるかに大きな変革力を発揮できる。
　地域政党は，従来の中央政党レベルの論争をこえて，「二元代表制のような枠組みや，既成政党の統制といったしがらみにとらわれない奔放な行動が目を引く，くびきや手綱を解き放たれた『自治』の印象すら受ける」（鎌田司『職員研修』2011年4月，16頁，以下，鎌田・前掲論文）と，その行動力が評価されている。
　行政機関のラスパイレス指数抑制・議会基本条例による開かれた議会改革などは，ポピュリストの首長による，強烈な個性の前に，いかにも萎んだ花のようにしか，市民には映らない。
　しかし，「もともと自治とは地味で手間がかかるものではなかったか。議会と住民が議論のキャッチボールを重ねながら自治をはぐくむ。そうした活動を一足飛びして，コントロールしやすい議会につくり替えようという一部首長らの言動が脚光を浴びる」（鎌田・前掲論文16頁）という状況は，まことに憂慮すべき事態である。
　遅すぎる改革も，問題であるが，速すぎる改革も，犠牲が大きい，十分な討議を，欠落しているだけに，改革方向を，誤る危険性が高い。
　橋下知事を有名にしたのは，「大阪府は破産会社」として糾弾して，ハードランディングの減量経営を，遂行したことである。当時，大阪府財政は，すでに回復基調にあり，過度の減量経営の必要性はなかった。
　現に2010年度の府法人関係税は，経済回復の恩恵で，当初予算より1,000億円の増収が，見込まれており，橋下知事のコストカッターの手腕に関係なく，府財政は改善されつつある。要するにソフトランディングで，十分対応できたのである。
　しかし，府民にはドラスックな減量手法が，不満解消のはけ口となり，マスメディアも，劇場型予算編成を歓迎して，橋下知事を，コストカッターの旗手として，裸の王様に仕立てた。
　第9に，政策政党としての組織・運営の特徴をみると，1つは，党首としての首長の政治力が，きわめて大きい。橋下知事は，党首の独裁でなく，政

党として自由な結合ぶりを披露している。しかし,「大阪維新の会」における,党首と議員の関係は,議員は橋下知事の人気に,擦り寄っているので,いうような平等の関係ではないだろう。

　2つに,統一地方選挙における,立候補者をみると,首長新党では,地方政治への進出の機会が乏しい,一般公募で選ばれた市民であり,地縁・血縁がゼロで,組織に無関係なグループである。それだけに市民的発想が,期待できるが,成熟した市民的合理性が,発揮できるか,未知数である。

　3つに,きわめて偏狭性がつよく,討議による妥協は,期待できない。橋下知事は,なぜ地域政党を,結成したかについては,「もちろん首長1人で何でもできるほど自治は簡単ではない。僕が掲げる大阪都構想にしても,議会の多数を押さえないと進められない。僕を代表に地域政党『大阪維新の会』を昨春,立ち上げたのはそのためです」(朝日, 2011.1.1) と,明言している。これでは力の政治であり,討議の政治ではない。

　さらに「大阪維新の会」は,今回の統一地方選挙では,大阪府では単独過半数となり,大阪市・堺市でも,第1党となっている。ただ政党としては,個人的に橋下知事を,信奉する集団で,多数派になれば,議論する議会は,消滅するだろう。すなわち正当な統治姿勢が,欠落したまま,権力構造が肥大化していく,恐怖のシステムとなる恐れがなくはない。

　統一地方選挙において,市民運動などを背景にした,選挙は例外である。革新自治体では,公害・福祉などの市民運動が,革新自治体誕生のエネルギーとなったが,今日では,ほとんどの選挙が,政党・首長主導型の選挙である。「大阪維新の会」は,市民討論をふまえて,市民に選択を仰ぐという,意識は乏しい。まず政治的に議会で,過半数を獲得してから,議論するという論法が主流であった。

3 首長新党と二元代表制の動揺

　ポピュリズム的首長は，地方議会における，政治課題の熟議をとばし，一気に議会支配をめざした。そもそも地方議会の存在価値を，認めていない。橋下知事・河村市長などが，めざす改革の共通項目は，わかりやすい攻撃ターゲットを見出し，そこに集中攻撃・波状攻撃を仕掛ける。
　首長ポピュリズムは，地方議会改革の停滞状況を，議会解散・反対議員淘汰という，荒治療で打開した。その背景には，議会を攻撃していけば，自己の政治勢力への支持率は，確実に上昇すると，政治打算が働いたことは否定できない。
　名古屋市における，河村市長対市議会の抗争をみると，第1に，河村市長の持論である，高い議員報酬・政務調査費の無駄遣い・監視機能の不全・執行部との癒着・議員の世襲化など，地方議会の停滞・怠慢を，自己宣伝力に逆用して，市民に訴えていった。
　それは具体的かつ的確な批判であった。「市議の報酬が1600万円，政務調査費が600万円，さらに費用弁償が議会1日につき1万円という具体的な数字が市民に知られるようになるにつれ，これまで市議への漠然とした批判は，非難へと結晶化していく流れを感知した河村氏の直感的，戦略的判断が大きかった」（後房雄「政権交代後の混迷する2大政党と首長の反乱」『都市問題』2011年3月号，55頁）と，その戦術の巧みさが，説明されている。
　第2に，議会サイドは，河村市長の外圧におされて，10年3月に「議会基本条例」を制定し，議会と住民の意見交換をする，「議会報告会」を開催するなど，自己改革をすすめた。
　しかし，市長は，減税をめぐる，議会との対立を利用して，議会への攻勢を強めていった。議会は，単年度のみの減税を，可決したが，河村市長は，恒久減税でないと，意味がないとして，一気に議会を追い詰めていった。そ

して首長自身が，議会リコール運動の先頭にたち，ついに議会解散にもちこんでいった。

単年度であっても，市民税10％減税は，認められたのであるから，河村市長の面子はたったのであるから，次年度，再度，議会と交渉するという，討議の姿勢はなかった。むしろこの際，一気に議会を追い詰めるには，市民の議会批判が，高揚している間に打撃をくわえることが，戦術上，どうしても必要であったのである。

第3に，11年3月の名古屋市議員選挙で，「減税日本」が，飛躍的に躍進したのは，「自治体首長の誰もが，手をつけられなかった地方議会という既得権益のあり方を根底から問い，真正面から切り込む姿勢を有権者が高く評価したのが，今回の選挙結果だ」（穂坂邦夫，11.3.3，朝日，以下，穂坂・前掲朝日）と，分析されている。

また「議会が単なるチェック機関に過ぎないならオンブズマンに役割を委ねれば十分だ」（穂坂・前掲朝日）というのは，正当な理論であり，沈黙の抑制機関という，理屈は通用しなくなった。

ただ目的がよければ，その手法・手段は，どうでもよいとはいえない。議会解散リコールが成立しているのに，「二元代表制のもとで，議会の考え方が気に入らないからといって，首長がリコール運動の先頭に立つのは大きな問題をはらんでいる。さらに任期途中で辞めて再出馬し，トリプル投票に持ち込んで勝った手法は，民主主義からいえば禁じ手だ」（北川正恭，11.3.3，朝日，以下，北川・前掲朝日）と非難されている。

しかも「そのやり方が荒っぽすぎた。今後，シングル・イシューに頼る手法からトータル・イッシの政治へと脱皮していけるか。そこで真価が問われる」（北川・前掲朝日）と，批判されている。

もっとも名古屋市の議会改革が，これで済んだわけではない。むしろこれからで，報酬削減の見返りとして，「議会が河村市長の支配下に置かれる"大政翼賛会"になってしまい，市長をチェックする責任を放棄してしまっては元も子もない」（日経グローカル『地方議会改革の実像』15頁，以下，日経・前掲

書)と，憂慮されている。

　大阪府議会も，大阪市放漫財政とともに，橋下知事の攻撃の格好のターゲットとされた。

　第1に，橋下知事・大阪府議会の対立は，府庁舎移転問題である。橋下知事は，関西州の州都として，大阪市のWTCへの，府庁舎の移転を目論むが，議会で再三否決され，結局，WTCは，府分庁舎として買い上げ，府機能の一部移転という，苦肉の妥協案で決着した。

　第2に，大阪府議会は，9年4月に「議会基本条例」を制定し，自己改革に乗り出し，橋下知事に対抗しようとしたが，「知事の求心力は圧倒的で，議会切り崩しも巧妙」(日経・前掲書13頁)であった。

　橋下知事は，自民党の分裂を利用して，「大阪維新の会」を立ち上げ，議員の切り崩しを図っていった。この政治工作は成功し，府議会における「大阪維新の会」は，第1党にふくれあがり，橋下知事の一元的支配は，大きく前進した。権力をもつ首長が，分裂気味で歩調のそろわない，議会を牛耳ることは，いとも簡単なことであった。

　第3に，橋下知事は，政府に対して，地方議会の議員を，議員の身分のまま，副知事や部長などの執行部の要職に登用できる，「議員内閣制」を提案し，制度的にも，首長一元支配の構築をめざした。

　今回の統一地方選挙で，大阪府議会で，維新の会が，単独過半数を占めたので，政治的な議会支配は，完了した。

　第4に，橋下知事は，もはや府議会に遠慮することなく，予算編成・施策実施を遂行することができ，大阪市をはじめ，府下市町村への締め付けは，当然きつくなる。府の市町村財政支援においては，従来よりも，一段と指定都市への差等措置が，強化されるであろう。

　鹿児島県阿久根市は，大阪府・名古屋市より，首長・議会の対決は，さらに劇的であり，議会と市長の正面衝突である。08年8月に初当選以来，議会とは紛糾の連続であった。

　第1に，議会は不信任を2回議決し，市長は失職したが，再選された。2

選以降は，議会を開かず，専決処分の連発で，強引に事案を処理していった。中途半端な措置でなく，市長・職員・議員の夏の賞与半減，市議報酬の日当制，固定資産税・法人市民税の税率引き下げ，副市長の任命などである。

第2に，市長の権力乱用に対する，市長解職リコールが成立し，三度目の市長選挙で，竹原市長は，敗北する。しかし，元市長派は，市議会解散リコールを成立させ，再度，市議会選挙となる。

第3に，2年半におよぶ，市政の混乱は，どこにあるのか。たしかに阿久根市の減量化はすすんだが，市民生活が大きく，改善されたわけでない。減量化のための減量化であるといえる。

結局，3年余にわたって，混乱がつづいているが，市民不在の不毛の対立であり，議会は建設的な討議の場というより，政治的に相手を，誹謗中傷する場と化していった。

なお竹原前阿久根市長は，今回の統一地方選挙で，鹿児島県議会議員選挙に立候補し，落選しているが，当然，再度，市長選に挑戦すると思われていただけに，疑問が残る，進路の変更である。

これら首長の対議会対策の暴走は，行政のムダに対する義憤，討議より実践という即応性，権力行使の自己陶酔などによるが，その背景をみると，第1に，ポピュリズムの強権性である。首長の偏狭な性格によるが，「首長が強引に自分の政策を推し進めようとしている………自分に反対する議会を邪魔者扱いするような独裁者的な手法」(日経・前掲書17頁)と，批判されている。

また「首長にとって，なかなか言うことを聞かない議会は自分の足を引っ張る邪魔な存在に映る………またマニフェスト(政権公約)選挙が当たり前になったことも背景に，公約した政策を何としても実施しようと，議会に対して強硬路線に走る首長が現れても不思議ではない」(日経・前掲書17頁)といわれている。

第2に，ポピュリズム的戦術である。議会改革の遅れを，単一争点として，攻撃対象とする。「議会が，多様な住民の声をくみ上げながら，首長と執行機関(行政組織)を監視し，政策を立案し，議員同士が議論を尽くして団体意

思を決定するという使命を十分果してきたとはお世辞にも言えない」(日経・前掲書18頁)が，これでは首長の攻勢を，阻止できない。

　政治的に強力な首長が出現し，議会攻勢を強めてくると，議会は対応できず，混乱と分裂をきたすだけとなる。現実の首長対議会の対立は，地方自治法が予想する，事態をはるかにこえる，首長の強権的かつ巧妙な対応であった。

　阿久根竹原市長は，議会を開会せず，専決処分を繰り返し，橋下知事は大阪都構想を，橋下個人の政治活動であり，大阪府政と無関係として，議会の討議にのせなかった。解禁されたのは，11年になり統一地方選挙を目前にむかえた時期になってからである。

　河村市長の減税施策は，名古屋市が『市民税10％減税に伴う経済的影響等について』(三菱UFJリサーチ＆コンサルティング・平成12年12月)を，委託しているが，議会にはこのような専門的調査費は，計上されていない。現職首長が，その行政的政治的に，有利な状況をいかし，議会攻勢を強めると，元来，一枚岩でない，議会は抗しきれない。

　第3に，ポピュリズム的政治圧力に対する，既成政党の対抗策は，貧困である。地方議会は，政策の違いより，政治的思惑から，首長与党，首長野党となり，「勢力争い」を演じてきた。

　オール与党では，首長の「追認機関に堕し，首長・執行機関との癒着，もたれ合いの」(日経グローカル・前掲書18頁)の状況にあった。野党にしても，首長を批判していれば，一応，自己満足ができた。しかし，このような議会の状況は，ますます地方議会の劣化をもたらした。首長による議会の包摂を容易にし，議会存亡に瀕しているのに，議員の危機感は，あまり深刻でない。

　首長による議会支配という，野望を跳ね返すには，二元代表制にもとづく，理論的防御をしっかりと，構築しなければならない。大阪都構想が，府県集権主義と市町村主権のたたかいであるように，ポピュリズム的首長の議会包摂と，地域民主主義にもとづく議会独立性との対立である。

　首長と議会の関係は，どうあるべきかを，現行の地方自治制度からみると，「首長主導主義」(**表1参照**)は，融合型として，「効率性(スリム化と速さ)を

表1　地方議会改革の構図

方　針	類　型	現行権能	議会改革案
首長主導主義	融合型	行政執行権・議会解散権	副知事・市町村長議員任命
議会主導主義	分離型	事案議決権・首長不信任権	条例設定・予算編成権
相互均衡主義	機能型	議案再議権	議会公開制・市民討議参加

重視する。首長マニフェストを掲げて当選した首長は、それを推進することが民主主義であり責務と感じられる。………反対する者は議会・議員であれ住民であれ『敵』と映る」(江藤・前掲書Ⅰ20頁) といわれている。

この方向をつよめ、議会のいらざる、行政介入を排除していくには、第1に、首長の独立性を高める。副知事・副市町村長の議会承認を、不必要とするなど、首長の議会からの独立性を強化する。

第2に、議会の行政執行への参加と、行政責任の付加などで、議員内閣制への改革であるが、「住民に選出された議員が首長の指揮監督下に入ることの違憲性や議会の議会監視機能の低下、首長の権限強化をもたらすおそれがある」(進藤兵「二元代表制のゆくえ」『都市問題』2011年3月号6頁) と、危惧されている。

「議会主導主義」(表1参照) は、分離型であり、議会の権限強化である。議会の予算提案権・議会開催権などで、独立性を図っていくことである。その前提条件として、議会・議員のもつ、調査権限・政策形成権限などの充実が求められる。

第3のスタイルとしての「相互均衡主義」は、相互協調・均衡・抑制型であるが、積極的意味をもたせる視点から、「機関競争型」といわれている (江藤・前掲書Ⅰ15頁参照)。

地方議会の現状は、首長支配が浸透しつつあり、議会の独立性が脅かされつつあるが、実効性のある、議会改革はすすまず、議会の地盤沈下がとまらない。

第1に、現行制度は、大統領制をとっているといわれているが、アメリカ大統領制にイギリスの議員内閣制といった、竹に木をつないだような奇妙な制度となっている。これは自治体が政策団体である以前に、国政委任事務の

処理団体として，何よりも行政の安定性を，重視した，戦前の地方自治を，継承した後遺症である。

戦前は内務大臣の首長罷免権・議会解散権・予算原案承認権などによって，執行権は保護されていたが，戦後改革で欠落したので，首長優位の制度に改正された。地方自治権が拡大されたので，首長の課税権などは，拡大しただけでなく，専決処分権まで，首長に付与した。

結果として，竹原前阿久根市長のように，議会議決を得ず，地方税軽減・給与削減・議員日当制を実施という，違法の処分をし，司法判決で敗訴しても，効力は影響をうけない。しかも地方自治法の権力解釈では，容認しているという，欠陥が露呈した。

大統領制にはない，首長の条例・予算提出権，首長に議会解散権を与えている。ただ首長・議会の対立には，議会の不信任権，首長に解散権をあたえ，不信任の場合，首長辞職・議会解散という，選択肢を首長が，行使する相互牽制システムになっている。

しかし，首長主導型の首長のように，圧倒的有権者の支持がある場合，議会の不信任という対抗力は，形骸化しており，議会は解散・議員落選という，脅威にさらされる。首長派の地域政党議員が，新人であっても，大量に立候補してくれば，過日の名古屋・大阪市議会選挙にみられるように，既成政党派の議員の大量落選は，不可避である。

それでも行財政改革が，すすむなかで，議会改革は，大きくおくれた。地方分権で首長の独立性は，高まっていったが，その独立性を監視すべき，議会機能は，機能不全のままであり，当然，二元主義への批判が高まり，一元主義への動きが，活発化していった。

戦後，地方自治制度における，首長・議会の「相互の抑制と均衡」という，基本的運営メカニズムが，機能不全に陥ってしまった。

第2に，現行制度における「運営実態」からみると，首長がつよいか，議会がつよいかは，首長優位論が支配的といえる。議会の権限は，地方自治法第96条で，制限列挙であるが，首長の権限は，第149条で「概括例示」であ

る。しかし，議会は第96条第2項を活用して，任意的議決事件を追加することができるが，権限が多少追加されても，首長優位はゆるがない。

二元主義のもとでは，首長・執行機関と議会は，互い抑制と均衡を図っていきながら運営する。地方自治法は，首長・議会は，本来，対立・緊張関係にあるものとして設計されている。

したがって首長は，議会が思いどおりにならないから，無視するとか，骨抜きにする対応策をとるのは，政治的にもゆるされないが，現実は，各政党の与党化への願望は強く，首長によって体よく懐柔されている。

議会改革が，すすんでいるが，地方議会の実態は，「制度上，議会には執行権が与えられていないので，議員は執行権を持っている首長に取り入ろうとする行動に走りがちなのが現実」(竹原市長・『独裁者・ブログ市長の革命』29頁，以下，竹原・前掲書）といわれている。

さらに「地方議会という場は持ちつ持たれつの『オール与党』化への道を辿るのです。………議会と首長が一体化しているのだから，議会の大切な機能である行政の監視などされるわけがない」(同前31頁）と，軽蔑されている。

「首長と議員らの間で醸成された"談合体質"のごとき空気が議会を支配し，採決をする前から結果はわかり切っているのに多数決という名の儀式を行う」(同前32頁）と，マンネリ議会と批判されている。

制度的には二元主義のもとでは，議会は執行機関から独立しているが，実際，このような状況では，議会機能を発揮できない。

第3に，「議会改革」の動向をみると，二元主義の実質的効果を発揮するため，「議会基本条例」などが制定され，議会改革がすすんでいる。しかし，議会における市民的討議を，多少，充実させた程度で，首長に対抗できる，システムにまでは，強化されていない。

その背景には，議員は市民の代表と錯覚しており，市民と連携して，首長に対抗する，住民投票などの市民統制を，積極的に活用する，いわば捨て身の改革に踏み切っていないためである。

かつて革新自治体において，首長が市民参加をすすめたが，議会軽視・議

会迂回方式として，非難を浴びせた。議会は，議会こそ市民を軽視していることを，反省することはなかった。

従来，「選挙で決定権権限をすべて負託されたと思い込む議員が多いが，地方自治は国政とは異なり，直接民主主義が基盤となっている。重要な案件であれば，住民の意見を聞いた上で意思決定するのは当然」（日経・前掲書22頁）である。「議会基本条例」で，重要案件は，議会の議決で，諮問的住民投票に付するとしていれば，首長も議会の意向を，無視することはできない。

第4に，住民参加・住民監査が，ひろがっていくと，行政監視は，議会の専売特許ではなくなってきており，首長のみでなく，職員・市民すらも，議会への評価は，低下しつつある。しかし，地方議会は，このような社会意識の変化には気付いていない。

平成20年度議会費4,284億円であり，市町村合併で大幅に減少しており，15年度では5,414億円であった。しかし，議会費は実は，議会事務局費だけでなく，議案作成・質疑回答・委員会出席などの職員人件費を，加算すると，6,000億円は優にこえるであろう。議会経費の5分の1を，住民監査費に転用すれば，行財政効果は，はるかに大きいであろう。

地方議会改革は，外圧によって多少はすすむが，制度の変革がないかぎり，議会の体質は改善されない。首長新党によって，報酬・定数は削減されても，意識・体質まではかわらない。

むしろ首長新党が，大阪府議会にみられるように．過半数を占めると，議会活動は，実質的な存在価値をうしない，首長翼賛議会化が強まり，一方，各政党との不毛の対立が深まっていくのではないか。地方議会は，討議する議会として，住民参加をすすめなければ，自己の存在価値を，維持できないのではないか。

4　首長主導型地域政党の危険性

　地方議会の危機は，議会改革が，すすまない状況のもとで，首長サイドの議会攻勢が，政治的・制度的に強まっている現象である。

　首長ポピュリズムが，めざす議会改革は，あきらかに地方議会の制度的囲い込であり，首長一元的支配体制の形成である。大阪府『「議会内閣制度」の提案にあたって』(私の問題意識，22.8.26，以下，橋下提案) を，橋下知事の議員内閣制提唱との関連でみると，その政治的意図は明瞭である。

　第1に，「首長と地方議会が協動し責任を共有するマネジメントモデルとして，『議会内閣制』を提案します」(橋下提案)。その背景は，財政悪化からくる自治体経営の苦しさであり，「政治主導の自治体経営」が，求められると主張している。

　現状では議会は，首長の提案に文句をつけるが，議会はなんら責任追求をうけない安全圏にある不合理なシステムへの憤懣である。

　議員も執行部に参加させ，責任をもたせることは，行政執行権の円滑な処理に，貢献するだけでなく，首長による議会懐柔という，政治的安定にも寄与する，一石二鳥の妙案である。

　しかし，議会内閣制の導入は，現行の二元代表制の根幹に，抵触する改正である。首長・議員が，直接公選されながら「議会内閣制の最大の問題は，首長とは別の選挙で選ばれた議員が首長の指揮監督のもとに入る」(日経・前掲書169頁) ことである。

　議員から首長を選出する，本格的な議会内閣制を採用するか，現行制度で首長・議会の分離（副知事・市町村長の議会承認不要など）を図っていくか，どちらかを選択すべきで，中途半端な議会内閣制は，百害あって一利なしといえる。

　第2に，住民の政治への関心は，年々，低下しており，しかも議会の現状

に満足していない。その原因は,「現行制度の限界」にある。要するに議会は,「首長に対するチェックに軸足を置いている。………あくまでも『受け身』です。首長からの提案に対し,その是非を決定する『議決権』を行使するだけで,決定に対する責任を共有するわけではありません」(橋下提案)と,議会の無責任性を批判している。

問題は議会が,そのチェック機能すら,果たしていないことが,問題なので,議員が執行機関に,参画すれば,チェック機能は,ますます退化してしまう。結果として首長の暴走をゆるすと,全体としてみて,大きな損失をもたらす。

またこのような状況が,「地方議会に対する住民の関心や評価が高まらない」原因であると,指摘している。しかし,地方政治に市民の関心がないのは,議会より首長の責任が,より大きい。

行財政の課題を,積極的に市民に情報提供し,市民討議による行政を,軽視しているのが,原因である。究極的には,住民投票を導入すれば,一挙に解消される。

第3に,橋下知事は,「都道府県などの『広域地方政府』では,官僚組織が大きく,首長一人による政治主導の自治体経営には限界があります」(橋下提案)と,嘆いているが,大阪都構想で,大阪市を吸収し,都知事に大阪市の主要権限の大半を収奪する,巨大自治体への制度改革を精力的にすすめている。

議会内閣制にしても,首長の行財政管理負担が,それほど軽減されるわけでない。まして現行制度の府知事は,権限・事務が多いから,首長では対応できないという理屈は,大阪都構想では,さらなる権限・事務の追加が,必至という状況からみて,首尾一貫した主張でない。

第4に,地方議会は,基本条例などを制定して,自己改革にとりくんでいるが,「現行制度の枠組みにとどまる改革であれば,住民の目には変化とは映りません。本来の役割に照らして考えたとき,制度自体に問題があるなら,制度そのものを変えればよい」(橋下提案)と,主張している。

Ⅰ　地方政治と地域政党の変貌

　橋下知事の通弊である，制度変革論であるが，制度をかえれば，すべて問題が解決するほど，地方自治は，簡単なものでない。議会内閣制を導入しても，与党内部が，副知事のポストをめぐって紛糾し，最悪のケースでは，金銭的収賄事件が，発生しかねない。また野党は，冷や飯をくわされた腹いせに，徹底的抗戦にでてくるので，首長は議会工作に神経を，すり減らす事態になりかねない。
　第5に，橋下知事は，さきの「議会内閣制提案」のなかで，「地方議員が住民と約束した政策（マニフェスト）は，首長サイドから提案がなければ，どうやって実現するのでしょうか」(橋下提案)と，議員活動に疑問を，投げかけている。しかし，マニフェストは，万年野党であっても，政権批判の政策的根拠として，大きな意味をもっている。
　橋下知事は，「政治家は，自らの政策を実現するために自ら行動を起こすことが基本です」「権限をもって『能動的』に政策プロセスに関与し，ともに住民に対する責任を負う」(橋下提案)べきと，野党にも呼びかけている。
　政権への参加だけが，政治家の生き甲斐ではない。ムダな公共投資の促進より，その阻止が，政治家として，はるかに重要な責務でもある。
　第6に，「『議会内閣制』は，議会のチェック機能を弱めてしまう」という批判がありましたが，「議員と首長が，責任を共有し力を合わせて取り組むことが……住民の負託に繋がると確信しています」(橋下提案)とのべている。
　この点について，「『議会内閣制』の提案の考え方について」「未定稿」(10.8.4)では，「議会審議の過程で，内閣構成員に任用される議員を出さない少数会派。内閣構成員が属する会派であっても，議決権の行使が制限されることはない。二元代表制に基づく相互牽制と緊張関係は継続」すると弁明している。
　しかも「首長と議会は，『議会内閣制』を通じて『上下』関係でも『従属関係』でもない，新のパートナーシップ，協働関係をめざす」(前掲「未定稿」)としている。
　しかし，このような美辞麗句をならべても，政治力学からみて，多数派が，

与党化すると，実質的なチェックは，確実に弱体化し，与党すら首長に隷属する。また少数会派のチェック機能が働いても，当初から筋書きの決まった抵抗となり，大きな効果は，期待できない。

橋下知事の議会内閣制の論理をみると，政治家として複眼的志向が，欠落している。自己の都合だけで，論理を構築し，その結果，どのような影響が，各方面にどれだけ及ぶかいう配慮がない。

自分の政治的願望への意欲が，きわめて強く，周辺が見えないという，視野狭窄症におちいり，議会内閣制による，議会の懐柔・包摂しか頭にないのではないか。このような首長の攻勢に直面した地方議会は，まさに内憂外患の状況にある。

橋下知事の議会内閣制提唱をみても，その政治的思惑をかくし，制度を改正すれば，万事事態は，好転すると宣伝している。しかし，現実は制度より，制度を運用するシステム，制度を活かす精神が，より重要である。

制度を改正すれば，紛争・対立が，解消されるというのは，大阪都構想と類似の発想であり，議会内閣制が，地域主権の復権とみなしているが，どうみても地域主権の死滅を，来たし，新たなる混乱を生むであろう。

地方議会の議会内閣制は，首長への権限一極集中を，めざす政治である。橋下知事にとって制度改正は，自己の政治勢力拡大の方便であって，制度改革のデメリットは眼中にないのではないか。

地方議会の議会内閣制とともに，憂慮すべき，地方政治の動きは，首長新党の政治であり，このまま推移すれば，首長主導型政治の弊害を，さらに肥大化させることになる。

第1に，首長新党は，二元代表制による地方政治の仕組みを，根本的に変える意図をもっている。首長新党が，議会多数派となると，「地方政党所属議員が，単なる，首長応援団として活動することになれば，自らの議員としての役割を放棄したことになる」（江藤・前掲書127頁）と，危惧されている。

首長新党の傘下に，地方議会がはいり，牽制機能を喪失する実態を，阻止しなければならない。国政における参議院が，小泉政権を牽制したように，

I　地方政治と地域政党の変貌

　地方議会は，首長主導型のポピュリストへの制度的には，最後の砦でもあるが，それすらも崩壊しつつある。
　首長・議会の密接な政治的結合である，首長新党は，首長のポピュリズムを，ますます濃厚にさせ，過激な政策を，加速させている。その卑近な事例は「君が代条例」である。まして首長新党が，地方議会で過半数をしめると，首長ポピュリズムの阻止・批判を，議会に期待できない。
　第2に，首長新党の台頭は，既存政党の衰退がもたらした，産物であるが，大衆社会という，社会構造の創作物でもあり，その台頭を抑制することは容易でない。
　ポピュリズムは，「強烈なイメージやメッセージ，指導力などを持ったリーダーが，選挙民に直接アピールし，民衆の支持を獲得する政治スタイル」(加茂利男等『現代政治学』143頁，以下，加茂・前掲書)であり，「情緒的・受動的で，シンボルなどに操作されやすい非合理的な大衆が政治の担い手になった」(同前149頁)ことで，生みだされた政治である。
　ポピュリズムは，いわゆる「人民投票民主主義」(ウエーバー)であり，「政治への民衆の参加を引き出す民主的な側面と，デマゴーグが民衆を誘導・煽動して独裁的な政治をつくってしまう非民主的側面とがそこに混在している」(同前143頁)のである。
　結果として，首長新党の権力は，首長の高支持率にある。「その高支持率はメディアを積極的に利用し，過激発言によって注目を集めるという『劇場型政治』，ポピュリズムによるところが大きいように思われます。………品位のない暴言の類の発信がかえって『発信力』や『突破力』があって何かを変えてくれるのではないかという根拠のない期待が作り出されている」(自治体問題研究所編集『「大阪維新の会」改革を問う』6頁，以下，自治体研究所前掲書)のである。
　このように首長新党誕生の社会的要素は，大衆民主主義の成熟であり，ポピュリストが，つぎからつぎへと，政治的テーマをうちだしてくると，大衆のポピュリズムの飽きをまつといっても，いつまでも待たされることになる。

しかし，政策的政治を根気よく，ポピュリズムに仕掛けることで，ポピュリズムの政策的脆弱性が露呈し，ポピュリズム政権も，何時かは崩壊の憂き目をみるであろう。

第3に，首長対議会の関係において，首長主導型政治は，「大阪維新の会」にみられるように，党首の影響力・支配力が，大きすぎる。極論すれば，橋下知事の人気だけを，頼りに活動しており，大阪都構想は，「大阪維新の会」の結束を固め，選挙戦のテーマとして，かかげているだけといえる。地域政党内部でも，議員による首長へのチェック機能は，ほとんど期待できない。

橋下知事は，地域政党は，首長と議会が一緒になると，権力の独走が，はじまるとの批判に対して，大阪都構想以外の施策については，党議による拘束はないことを，強調している。しかし，大阪都構想に賛成であるが，中学校給食反対・カジノの構想反対では，政党として，成立しないであろう。

橋下知事は，大阪府財政については，減量経営的財政運営ですませているが，大阪市財政については，大阪市「大阪維新の会」が，大阪市財政の事業仕分を実施している。

府知事自らが傍聴し，大阪市は腐りきっているとの，談話を発表し，大阪市「維新の会」を支援している。これでは「大阪市維新の会」は，府知事の政治力を背景にした，政党に過ぎない。

首長新党の現状は，国政政党における，公認権と同様に，人気首長の看板が必要であり，党首，すなわち首長ににらまれると，当該政党からはじきだされ，実質的な公認権の剥奪となる。

第4に，首長主導型政党の首長は，例外なくポピュリスト的首長であり，そこでは市民的討議が，十分に行われる保障はない。ポピュリズム的首長は，選挙マニフェストや，自己の政策信条を，ある意味では奇貨として，「それを推進することが民主主義であり責務と感じる。………反対する者は議会・議員であれ住民であれ『敵』と映る。………議会の巨大な権限が『障害』とも映っているとも勘ぐりたくなる」（江藤・前掲書Ⅰ20頁）といわれている。

議会と討議を重ねて，妥協点を見出す姿勢はない。討論抜きの首長主導の

自治体運営で，「閉塞状況をパッパと解決する新しいヒーローが期待されているのか，水戸黄門の印籠を期待するという伝統の強みからか，首長主導型が浸透している」(同前21頁) が，危険な兆候である。

しかし，どのような陳腐な改革構想であっても，ポピュリスト的首長は，世論として支持をとりつける術を，本能的にもっている。

すなわち「指導者による象徴の巧みな駆使と観念の操作によって世論は『作り出されるもの』に変化したのである。………かくして権威ある指導者による大衆の操作という構図が，ステレオタイプ化された民主主義論を突き破って顔を出しはじめた」(佐々木毅『政治の精神』154頁) と，警鐘がならされている。

首長の人気に依存した議員は，首長の行財政施策を，批判する気力も意思もなく，議会は政策能力・批判精神の摩滅に，冒されるであろう。

第5に，地方自治の劣化・市町村自治の衰退をもたらす。知事型地域政党の弊害として，市町村にとって，内部から「大阪維新の会」で，揺さぶりをかけられ，外部からは，首長ポピュリズムで圧迫をうける状況になる。

「大阪維新の会」が発散する，ポピュリズム特有の作為的な情報操作によって，歪められた民意が，醸成されていくと，攻撃的ポピュリズムによって，多くの市町村は，行政的混乱の深みへと，陥ることになる。

自民党が，政権与党であった時代，道路予算の個別箇所づけ誘因として，選挙における誘導を図ってきたが，そのための弊害は，選挙を政策論争型から，利益誘導型に堕落させただけでなく，無駄な公共投資となり，今日の財政悪化における，最大の原因となっている。

橋下ポピュリズムが，絶対多数を制した後は，利権誘導型政治より，さらに露骨な市町村自治への侵害が，危惧される。ことに府県知事は，地域の市町村への許認可権・補助金交付など，さまざまな統制・制裁手段をもっているので，政治と行政の区分が，困難である。

戦前の政友会・憲政会が，自派の息のかかった知事を任命して，政党勢力の地域への扶植を，図っていったが，結果として，政党の堕落をまねいた。

この利権型政党の地方支配が，さまざまの弊害を引き起こし，政党衰退から軍部の行政への介入を許すことになった。もしポピュリズムが，暴走すれば，地域社会の混乱・破滅の危険性は，極めて高い。

しかも橋下知事は，議員選挙だけでなく，府下市長選挙についても，公務員の給与改革・学校給食導入をあげ，「大阪都構想とは別に，市町村の課題をだして（同じ考えの）市町村長を推していく」(11.1.8, 朝日）と，議員のみでなく，市町村長選挙にまで，介入し，先の統一地方選挙では，吹田市長選挙で「大阪維新の会」候補が勝利している。

「学校給食の問題などは市町村長が動かないとできない。(自身が代表の地域政党）大阪維新の会で統一選の争点にし，乗ってくれる市町村長と一緒にやっていく」（同前）と，選挙での共闘を打ち出している。

新聞は「人気の高い知事の支援を求める動きが広がる可能性がある」（同前）と伝えているが，堺市の先例では，現職市長が橋下支援の候補に敗北した実例もあり，実際，統一地方選挙をむかえる首長は，戦々恐々としているのではないか。

このような橋下知事の選挙戦略からみて，大阪都構想に見られるように，「政治と行政」の区別は不可能で，むしろ政治と行政の癒着を，積極的に活用している。しかし，このような選挙戦略は，地方政治の堕落・地方自治の劣化をもたらす，由々しき行為である。

市町村長首長選挙への介入にとどまらず，知事の権力・施策に反対する，現に指定都市の大阪・堺市に対しては，露骨な補助金カットを実施している。首長は補助金・起債認可などで，圧力をくわえて蹴落としていく戦術である。

中央政党の利益誘導と，類似の症状であるが，中央政党は，行政介入は，包括的間接的であり，なおかつ補助金・交付税・地方債などの制度は，成熟度が高く，政党の恣意的介入はむずかしい。

しかし，地域政党の党首が，知事である場合，市町村における自主独立施策の直接的侵害となる。直接的でなくとも，間接的におびやかす結果を，引き起こす。

I　地方政治と地域政党の変貌

　橋下知事が，市町村行政である，小学校校庭に芝生化なども，知事の意向を察して，市町村で整備していく，風潮がひろがる。府知事としては，府費を使うことなく，市町村の財源で，整備ができる，都合のよいシステムが形成される。
　今後，高速道路建設反対の市町村長にも，この戦術をちらつかせたり，威嚇したりすることで，反対運動を封殺することもできる。財政統制・天下り人事などを駆使した，府県の市町村長支配は，今日でも"ミニ霞が関"と揶揄されているが，官治的府県の秘められた，市町村支配のノウハウである。しかし，首長新党による，政治的勢力がひろがると，公然と活用され，日常的行政も，府県の遠隔操作で，市町村はコントロールされるであろう。
　第6に，行政の中立性がそこなわれる。「行政を担う官僚機構は，どの政党であれ，国民に選ばれ国政を負託された政権政党の指示に従わなければならない」が，「行政，つまり役所の仕事，役所が管理するお金や権力が，特定の政党の勢力を強めるために利用されてはならない」（山口二郎『政権交代』24頁，以下，山口・前掲書Ⅱ）という，原理のもとに行政は運営されている。
　首長新党が，議会も掌握すれば，まさに「選ばれた独裁者」になることは，避けられない。首長の意向にそって，予算が編成され，執行されているが，そのこと事態が，行政の中立性を損なうことになる。
　従来，このような首長の行為が，許されていたのは，一応，首長の政治的影響力から，分離・独立した議会が，予算を審議し，執行を監視しているから，免罪符が与えられていたのである。しかし，首長新党となると，政治と行政が，渾然一体となり，予算執行すら政治行為とみなされる。
　所詮，政治と行政の区別は，不可能である。「強大な権限を持つ府県の首長が，地域政党を立ち上げ地方議会を自らの意のままになる機関に変えてしまおうとする乱暴なやり方には『ファシズム』的な強権性，強圧性が感じられます。政治的には大変危ういやり方であり，『上から』『民意』なるものを組織し，異論を封じ込めようとするもの」（自治体研究所・前掲書6頁）と，その欠点が，指摘されている。

第7に，首長主導型の一元主義が強化されると，地方政治における政権交代が，より困難になる。地方政治では，二元代表制が，首長はイメージ選挙，議員は地縁・利益選挙という，悪しきパターンが，皮肉にも地方政治のバランスを形成していた。

そのため地方政権の交代がみられた。たとえば「1960年代から70年にかけて批判票・浮動票をあつめて革新首長をだすこととなります。当時，議会は実質，ムラ型議員が中心のため，一元代表制の議会制だったならば，革新首長をもつ，いわゆる革新自治体は成立しなかったでしょう」（松下圭一『自治体は変わるか』62頁）といわれている。

その後，改革派首長が誕生したのも，官僚候補に挑戦して，首長の座を射止めることができたのも，この二元代表制が，制度的に大きな効果を，発揮したといえる。すなわち政権派首長は，議会までも完全に掌握していないので，改革派が大衆票をとり込む可能性は決して少なくなかった。

しかし，首長新党のように，議会も首長派となると，政権交付の政治条件は，大きく後退してしまう。従来，首長の人気が低迷すると，与党内の議会勢力が微妙に変化し，反対に野党勢力が活発する。

そのため与党勢力が，首長から離脱するとか，与党勢力の分裂が生じるとかして，首長は戦わずして，退陣を余儀なくされた。

しかし，首長新党では，首長の与党掌握は強固であり，世論が流動化しても，なかなか首長を退陣に，追い込むことができない。

政治的に首長優位の状況のもとで，議会までが首長に牛耳られ，一元支配体制が，構築されると，地方政治は，官僚・ポピュリスト・保守・革新をとわず，長期政権の弊害で，停滞を余儀なくされるであろう。

しかも首長の高い支持率は，大衆社会でもシンボル操作によるが，しかもこの大衆社会の政治的病弊が，容易なことで，排除できないことを考えると，首長新党の政治的危険性は，ますます大きくなる。

この首長新党の危険性に対応するには，議会の改革だけでは心もとない。防御システムとして，市民的討議を十分につみかさね，市民的合理性という，

社会的濾過装置をくぐりぬけた,地域民主主義をそだてるしかない。ポピュリズムに対して,情報公開とか,住民投票とかのシステムを,防御装置として構築していくのが,最後の手段となる。

II　地方選挙とローカル・マニフェスト

Ⅱ 地方選挙とローカル・マニフェスト

1 ローカル・マニフェストの効用

　首長主導型ポピュリズムの脅威から，地方自治・地域民主主義をまもるには，政治的勝利が，決定的効果を発揮する。しかし，地方選挙の実情は，ムード・イメージ選挙であり，市民討議を，ベースにした，政策型選挙ではなく，ポピュリズムの淘汰は容易でない。

　このような劣勢を，転換させるため，注目を集めているのが，ローカル・マニフェストで，行財政における行政評価方式と，同様の地方政治の評価手法といえる。ただ行政改革において，行政評価方式が，万能でなかったように，マニフェストも選挙効果に，疑問がなげかけられている。

　まずローカル・マニフェストについてみると，マニフェスト（manifesto）とは，「イギリスでは国政選挙における各党の『政策綱領』を意味する。2000年代にはいってからは知事，市町村長の公選制度が導入されたため，最近は自治体の首長候補の『政策綱領』をも意味するようになった。マニフェストは政権をとった際に『必ず実行する』ことを約束した政策の『宣言』であり，一般には，各政党，首長などの有権者に対する『誓約』あるいは『契約』」（四日市大学地域政策研究所『ローカル・マニフェスト』5頁，以下，四日市大学・前掲書）と定義されている。

　イギリスのマニフェストは，「新聞は単にマニフェストを紹介するだけではない。各政党のマニフェストを評価したり批判したりする」（同前27頁）のである。

　さらに「イギリスでは，与党も野党の政策を批判し攻撃することができる。各党が，お互いに，相手方のマニフェストをターゲットにして，それぞれの政策の欠陥を指摘し，自分の政策の利点を強調することができるのである。これは有権者にとって，各政党の政策の功罪を知る上で，非常に参考になる」（同前28頁）といわれている。

1 ローカル・マニフェストの効用

　しかし，日本の政治状況は，国政・地方政治を問わず，国民の「政治的無関心」は，ますます深まりつつあるが，この「政治的閉塞感を打破するには，政策本位のマニフェストの導入が有効である」（同前6頁）と，みなされている。

　すなわち市民の政治的関心を，政治参加へと戻すため，ムード型から政策型への転換である。そして市民が有効感をもって，政治参加をなすには，政党が政策によって，選別される，政治状況でなければならない。

　政治的効用の視点ら，マニフェストの要素・条件などをみると，第1に，政党選択肢となる。住民が選挙における選択基準として活用でき，住民参加に寄与する。イギリスのマニフェストは，政策であり，有権者への約束である。

　日本でみられるような「ウイッシュ・リスト（おねだり集）」ではない。「有権者から言われたことを政治家が官僚に伝え利益を誘導する。その見返りとして選挙において投票してもらうという日本の民主主義のスタイルである」（同前6頁），利益還元型政治であってはならない。

　「マニフェスト方式は，従来，大声のカケ声どまり，あるいは細かい要求羅列どまりの各候補者ないし政党の選挙公約を一歩すすめて，候補者ないし政党がみずから政治責任を明示する」（松下圭一『シビル・ミニマム再考』19頁，以下，松下・前掲書），選挙へと変革させなければならない。

　第2に，マニフェストは，党の公約であり，個別議員・候補者が，提唱できないものである。党のマニフェストと異なる，公約を議員がすることは，実際は重大な政治違反である。

　それは「このような状況の下では有権者は誰に投票してよいのか，どの政党に投票してよいのか見当がつかず，結果的に，選挙に無関心になっていく。投票に出向いたものも，候補者や政党の識別が出来ず，そのときの雰囲気で投票してしまう」（四日市大学・前掲書26頁）ことになる。

　政権党・首長，またその対立政党・首長候補者が，「政権を獲得した時には『必ず実行する政策』として国民（住民）に約束する」（同前5頁）ので，国

Ⅱ　地方選挙とローカル・マニフェスト

民（住民）にとっては、「いかなる政府・自治体をつくっていこうとしているのか想像しやすく、各政党あるいは各候補者のマニフェストを比較することができ、争点が明確になる。投票時の重要な判断材料」（同前5頁）となる。

第3に、マニフェストは、政党政策・政党実績の評価基準となる。公約の実現度合いを知ることができる。イギリスマニフェストは、「『理念』『ビジョン』それを実現する『プログラム』」（同前5頁）で、「数値、財源、期限が明記されている」（同前）、さらに政策の優先順位がつけられている。

その結果、「政府・首長は、政策とその達成度によって国民（住民）から評価もしくは批判されることとなり、政策本位の選挙が実現されることになる」（同前5・6頁）のであり、マニフェストは、目標と達成度が分析される。

イギリスでは、政策評価の基準は、具体的（Specific）、測定可能性（Measurable）、達成可能性（Achievable）、適切性（Relevant）、期限明示性（Timed）の5基準を適用しており、「SMRT基準」を採用している。そしてマニフェストの事後検証も、なされなければならない。

もっともマニフェストは、政治改革であり、行政改革でもある。「選挙の時に具体的な政策を提示して、有権者に信任をいただき、当選後はその約束をもって政治・行政を進め………マニフェストをどのように実行しているのか、毎年自分自身による自己評価と第三者による外部評価も含めて評価を行い、結果を公表し、政策がどこまですすんでいるかを有権者に対して、情報公開していく」（松沢成文『実践マニフェスト改革』32頁、以下、松沢・前掲書）、政治政策の行政評価方式である。

そうするのでなければ「選挙の時も、当選後の政策実行の段階も、有権者が公約をチェックし、評価することができない。極めてあいまいなスローガンによって場当たり的な政治が続いてしまう。この結果、政治家の責任も曖昧になっている。これでは『無責任選挙』であり、………有権者にしてみれば、『白紙委任』であり、『お任せ政治』になってしまい、政治にコミットしていこうという気力を失ってしまう」（同前33頁）のである。

では具体的マニフェストは、どのように運用されているか、まずイギリス

における中央政党マニフェストの具体的事例を，労働党1997年5月総選挙のマニフェストと，2001年6月の総選挙の達成度評価を，興味深い項目だけみる（四日市大学・前掲書30〜31頁）。

第1に，「小学校の5・6・7歳児のクラスを30人以下にする。その財源は，失業対策などの助成金を減額することによって生み出す」という項目は，「2001年9月には5〜7歳児の30人以上のクラスはなくなる」「失業対策費を毎年90億ポンド削減し，教育費を増額した」との達成度となっている。

第2に，「民営化された企業の余剰利益に対する課税を財源に，25歳未満の失業者25万人に就業の場を与える」というマニフェストは，「28万人の若年失業者が労働党の措置によって就業した。若者の長期失業者の比率は75％減少した」との達成度である。

第3に，「国営医療機関の事務費を削減し，患者に対するサービスの充実を図る」というマニフェストは，「1997年に比べて，入院患者は67万人，外来患者は65万人増やすことができた」「医師は6,700人，看護婦は17,100人増員した」「これにより，入院待機患者は，124,000人少なくなった」と達成度を説明している。

このようなマニフェストが，普及すると，マスメディアもマニフェストを，無視できなくなる。「これまでメディアは政局報道には熱心でも，政策の内容や政策の実行過程を検証評価し，有権者が選択をおこなうために必要な視点や情報を提供しようという意識は希薄でした」（東京市政調査会『ローカル・マニフェスト・自治体政治を変える！』37頁）といわれている。

たしかにマニフェストで選挙戦が，展開されれば，地方選挙も活性化し，有権者も選択基準が明確となり，選挙も有効感ある参加に変質していく，その意味では，首長ポピュリズムは，市民の地方選挙への関心を呼び覚ました。たとえば竹原前阿久根市長の最初選挙における，マニフェストをみると，つぎのようである。（竹原・前掲書102頁）

・市長の報酬と退職金を大幅に削減します。
・市民の協力を得て，議員定数を大幅に削減します。

・市民の協力を得て，市役所の人件費を大幅に削減します。
・浄化槽管理費の負担を軽減します。
・辺境地区の高齢者に対して通院の支援をします。
・老朽化した学校施設の整備をすすめ，教育環境を改善します。
・市民の提言と能力を積極的に掘り起こし，市民が主体の阿久根にします。

　従来のスローガン選挙公約にくらべ，簡潔で具体的であり，政治争点として，給与・報酬削減をあげ，減量経営に徹しおり，個別施策として，浄化槽・通院費・学校補修など，ポイントをおさえて，具体的施策を提示している。

　必要とされる財源は，具体的財源の積算はないが，人件費削減などで，捻出できることは，容易に知ることができ，体裁のととのったマニフェストが，策定されている。

　竹原前市長は，マニフェスト選挙を展開し，首長としてマニフェスト行政を実践して，財政指標の分析からみて，立派な成果を収めていった。

　ただその政治手法は，乱暴で違法・脱法行為を繰り返し，反対派市民の反発をかい，首長の座から，引き摺りおろされた。河村市長のように，減税という政策的に，疑問視される方法を，導入することもなかったし，橋下知事のように，政治的野望のため地方制度改革を打ち出し，無用の混乱を，誘発することもなかった。

　竹原前市長の支持者は，現在でも依然として多く，政治的紛糾がつづいている背景がある。ただ行財政改革の理念・ビジョンを，今すこし熟慮のうえで，掲げておれば，自己抑制のきいた行財政運営ができたと，惜しまれる（高寄昇三『大阪市存続・大阪都粉砕の戦略』32～40頁参照）。

　つぎに日本の模範的ローカル・マニフェストとして，松沢成文神奈川県知事のローカル・マニフェスト（2007年）をみる。第1期のマニフェスト作成の手順は，第1ステップは，基本理念・政策方針を検討する。第2ステップは，政策指標を選定する。第3ステップは，数値目標を設定する。第4ステップは，実現方法・期限・財源を設定する。第5ステップは，わかりやすい表現にまとめる（松沢・前掲書144頁参照）。

内容は第1部「基本理念」で,「神奈川の力で日本を動かす」では,新しい力を合わせる「協動力」をつくり,時代を切り拓く先進の神奈川をめざすなどである。

第2部「条例宣言」で,「知事多選禁止条例」「自治基本条例」「地球温暖化対策推進条例」など11の条例制定があげられている。

第3部「政策宣言」で,「未来へのひとづくり」「安心な暮らし」「強い経済」「豊かな環境」「先進のマネジメント」「新しい自治」の6項目があげられている。

第4部「県民運動の提唱」では,「あいさつ一新運動」「コミュニティ体操運動」「もったいない実践運動」があげられている。

第5に,「知事の行動宣言」で,「現地現場主義」に徹し,「対話から政策」をモットーに,現場での皆様との対話を必ず政策づくりに生かします。具体的に知事の現場訪問・学校訪問・県民との対話の回数が,表記されている。

なおマニフェストに対する,外部評価として「松沢マニフェスト進捗評価（最終評価）」がなされている。なお内容は,「点検評価の方法」「目標達成の状況」「行政対応の状況」「マニフェストの推進と県政運営の課題」である。

注目すべきは,松沢神奈川県知事は,県議会にマニフェスト特別委員会を設置し,県政の政策論議を行う機運を高める努力をしている。「これまで地方政治では,このような政策を巡る本格的な論議が不足していたというのが実情である。………マニフェストの導入により積極的な政策論議が展開されるならば,………地方政治が政策を中心に運営される土壌が形成されていく」（同前34頁）といわれている。

またマニフェスト実現への課題はある。「マニフェスト実現を図る上では『予算』が必要であり,政策によっては条例が必要である。政策を実施する上で不可欠な2つの要素は,議会が議決して初めて成立する。首長と議会との二元代表制をとる地方政治では,首長と議会の間の制度的な機関対立が前提となっている」（同前35頁）といわれている。もっともオール与党では,「そもそも選挙において政策を戦わせる選挙が成立しにくい」（同前36頁）のである。

Ⅱ　地方選挙とローカル・マニフェスト

　このようなマニフェストの具体的成果が,「森林環境税」(年間税収約38億円) の創設である。しかし, 知事多選禁止条例は, 三度目に可決されている。
　松沢マニフェストをみると, まさに模範答案を, みる感じである。マニフェストによって, 知事のビジョン・積極的行政・事業実績を知ることができ, マニフェスト評価によって, その検証もなされており, その外部による政策評価も, 信用できる。
　ただ外部環境の条件を考慮して, 個別項目の評価は, なされなければならない。神奈川県は, 東京一極集中の恩恵をうけ, 政令指定都市を, 県内に3つもかかえ, 財政的にきわめて恵まれ状況にある。
　行政目標は, 経済的項目は, 一般府県より高く設定し, 生活福祉は, 人口急増地域として, 低い目に設定しておくのが, 妥当である。なお防災という項目が, 今日的視点からみれば, 軽視されているのは, 反省点であろう。
　またマニフェストを, 正確に検証するには, どうしても行財政分析が, 前提条件となる。現状はどこの自治体でも, 財政分析は, 財政当局の財政情報だけであり, 運営評価をくわえた, 分析がなされていない。
　マニフェストだけで, 首長の政治実績の評価ができない。外部環境を加味して, 評価しなければならない。事務事業の行政評価・職員の成果主義勤務評定など, すべてに共通する要素である。あくまでも一定の評価に過ぎない。
　ことにマニフェストと, 地方選挙の関係をみると, さきの名古屋市のトリプル選挙, 大阪府下の統一地方選挙をみると, マニフェスト選挙というより, 争点一極集中型選挙と化している。
　マニフェスト選挙より, ムード・イメージー選挙が, 投票結果をより大きく左右した。このようなマニフェスト型選挙の政治的劣勢という, 厳しい現実をふまえて, イメージ選挙がもつ弱点を, 政策型選挙が, いかにくつがえしていくかの戦略を, 練る必要がある。

2 大阪地方選挙と政党マニフェスト

　大阪府の統一地方選挙は，「大阪維新の会」の参入で，全国一の激戦地となった。ことに大阪市議選は，さきの名古屋市議会選挙と同様に，「大阪維新の会」が，ほとんど新人候補であり，既成政党での多くの落選者が，避けられなかった。

　しかし，ローカル・マニフェストという点からは，自民党は，従来型の施策列挙型の選挙公約方式であり，各党のマニフェストも，様式的には争点型マニフェストというより，本来の施策列挙型のマニフェストといえる。

　自民党の「大阪府連マニフェスト」は，「はばたけ大阪！，関西州の実現，One大阪関西」をメインスローガンで，6つのテーマでマニフェストをまとめている。

　第1に，テーマ「行政」では，関西州の実現をめざす，そのため「中央から基礎自治体と道州に『権限』『財源』『人』をパッケージで移す」「地方分権の推進」として，関西州実現，国の出先機関の原則廃止，国直轄国道の移管をあげている。

　「全力で行政改革を行います」として，国及び大阪府などの関係法人の見直し（補助金の見直しや天下り・渡りの禁止）をあげている。「国と広域行政・基礎自治体の役割を明確にします」として，広域交通の計画と調整，企業誘致とセットの港湾行政，観光行政の総合計画・グランドデザインの策定などをあげている。

　第2に，個別テーマとして，「教育」では，教育立国大阪をスローガンに学力アップをめざす。「活性化」では関西空港のハブ化と交通網整備をあげている。「景気回復」では雇用と中小企業対策をあげている。「暮らし」では，人に優しい社会をつくるをあげている。「安心安全」では，大阪の治安維持と防犯体制を強化をあげている。

民主党の「大阪府連マニフェスト」は，「基本的考え方」「政策編」からなっている。「基本的考え方」は，(1)「地域主権へ，いま胸突き八丁」は，地域主権の担い手は，基礎的自治体であり，基礎自治体である市町村は，末端行政から先端行政までを，担う団体とみなしている。
　(2)「成熟社会，環境社会，情報社会と行政」では，小子化・高齢化・人口減少化に対応して，地域のＮＰＯ，社会的企業，市民の積極的参加と，市民・事業者・行政の協働による社会的絆をつくりだす。
　(3)「地方自治は，もっと大きくもっと小さく」を提唱している。個性ある自治体のネットワークの力を活かす。「こわす」より「つくる」「つなぐ」をめざす。
　すなわち府県・市町村の信頼関係をそだて，地域主権を充実させていく。具体的課題として，「大阪市と堺市の解体は時代に逆行」「2トップが経済後退の原因は間違い」と，大阪都構想に反対を示している。
　「政策編」では，「ALL関西（それぞれ個性ある府県の結集）の力で『関西再生』」「大阪の潜在力を発揮！中小零細企業の支援・雇用就労施策の拡大」「ムダな事業はやめる！必要な事業はやる！」「観光・物流とアジア交流のネットワーク」「いつでも，どこでも，必要な医療を」「みんなで子どもを育てる」「わかち合い・お互い様の『絆』」「お金より仕事の福祉政策～自立就労事業の推進」「現場で働く人の命を守る～自治体入札制度改善」「農林水産漁業を成長産業に」をあげている。
　公明党のマニフェストは，メインテーマは，「ひとつの大阪，関西は一つ」で，理念・ビジョンとして「現在の日本の閉塞状況を打ち破り，『新たな国造りのエネルギー』を引き出す方途は何か。………全国一律の地方自治から地域特性にあわせた地方主権の確立にあると考えます。………公明党は，今こそ，大阪府の43市町村の潜在能力をひとつのパワーとして集約し，大阪が再び力強く，関西そして日本の成長を牽引するエンジンをスタートさせます」と，やや経済志向性のつよい理念となっているが，政治・経済の低迷，大阪社会の貧困化を考えると，どうして経済振興が，前面に出てくる。

5つのエンジンとして,「地域主権,対立よりチームワーク」(強い基礎自治体を構築・連携し,『チーム大阪』を形成,チーム大阪と近隣都市との連携を強め関西州を実現),「議会・行政改」(議員定数・報酬の削減,二重行政の解消,『ムダゼロ役所』,議会基本条例,出前会議,行政評価システムなど),「雇用創出」(大阪のブランド化へ発信,ものづくり技術活用,大阪観光のＰＲなど),「教育改革」(世界トップレベルの教育へ,「大阪府教育庁の創設,話せる英語プロジェクトなど),「社会保障」(支えあえる大阪,ワンスストップ生活支援センター,大阪府がん対策推進条例,児童発達支援センターなど)で,均整のとれたマニフェストである。

共産党のマニフェストは,「府民生活こわす橋下『改革』ストップ」「暮らしと中小企業応援で大阪再生」と,橋下府政へ正面から反対し,生活優先を掲げている。

基本方針としては,「今度の府会選挙は,全国一落ち込みの激しい府民の暮らしと大阪経済をどう再建するのか,………知事と維新の会が進める方向は,府民の暮らしや営業を守る大阪府の一番の仕事を投げ捨てて,大企業呼び込みの大型開発を,大阪市を吸収してさらに大規模に進めようとするもの」と,府政を鋭く非難している。

具体的施策の方針として,大前提は「暮らし優先にきり変える・住民一人ひとりが主人公の大阪へ」で,「橋下『行革』から府民生活を守る」「暮らしと中小企業を直接応援し元気な大阪をつくります」という戦略で,「福祉と暮らしを最優先にすすめます」「子どもの安全と成長・発達を保障し,男女平等の施策を推進,文化・芸術の振興を図ります」「中小商工業・農林業を支援し,雇用としごとをつくります」「府民の声がとどく議会,願い実現に頑張る議会へ改革します」としている。

「大阪維新の会」のマニフェストは,"よみがえる大阪"を,メインスローガンとして,5つの主要綱領を提示している。中心は「大阪都構想」で,キャッチフレーズは,「地域主権(特別区),成長戦略(大阪都)」で,その主張は,比較的明確である。

第1に,「地域政党『大阪維新の会』は成長戦略を実現し,大阪の景気と

雇用を回復します。その手段，仕組みが『大阪都構想です』」と提言している。しかし，行政制度を変えたから，経済が回復するという簡単なものでない。政策感覚のズレは否定しがたい。

　第2に，「大阪都に広域行政を一元化，府市の二重行政を徹底的に排除した上で，都市基盤，産業基盤の整備等を進めます」と提言している。

　マニフェストは付帯説明で，「広域行政の一元化が，大阪の景気と雇用を回復するために必要不可欠です。なぜなら，大阪府知事と大阪市長という二人の広域行政の指揮官がいるから，大阪という都市の方向が定まらないからです。その結果，二重行政，投資の分散が生じ，都市インフラが貧困なものになってしまっています」とのべている。

　具体的な都市インフラとして，「私鉄と地下鉄の相互乗入，淀川左岸延伸，関西空港への高速鉄道，北ヤード」などで，広域行政の主要事業である。これら整備で，「大阪は国際都市に飛躍させます」と，言明している。

　しかし，基盤整備で経済が回復するものでない，それならば地方都市は，産業に比して基盤整備は，大阪より高水準にあるが，経済が低迷している，事実を説明できない。

　第3に，特別区論争である。「中核市（東大阪市，高槻市）並みの権限を持つ特別区は，住民自治を確立し『住民に身近で，住民にやさしい政治』を実現します」と提言している。

　マニフェストは，付帯説明で，「区長を選挙で選び，議会を置き，そこに権限と財源を与える特別区（自治区）の制度の方が，現行の大阪市の制度（行政区）よりも地域主権に沿ったものであると考えます。東京の23特別区が，元の東京市に戻すと言われたら住民は地域主権に逆行すると言って猛反対するでしょう」とのべている。

　さらに「東京都のように区長公選制にしたら，区長を選挙で選んで，大阪市役所から権限と財源を区に取り戻すことにより，区民生活に係ることは殆ど区（自治区）で決めることができるようになります」と，自治区のメリットを強調している。

また事務配分について,「国民健康保険・介護保険・生活保護などのセーフティーネットは,広域(都)が担い,大阪に住むすべての人に平等で,すべての人が安心する制度を完備します」と,方向を提示しているが,制度的にも実務的にも無理である。
　第4に,「橋下府政の手法で大阪市役所の行政改革を断行し,府市合わせて大阪全体の財政再建を進めていきます」と,橋下知事のコストカッターとして,手腕を過大評価しており,個人崇拝の色彩が濃い,マニフェストである。
　マニフェストは,具体的に「水道・交通・ゴミ・港湾・消防等の経営形態を変更することにより,職員数を3割以上削減します」と,改革方針を定めている。
　さらに「水道事業を統合し料金を値下げします」「市営バス,地下鉄を民営化し料金をさげます」などにくわえて,類似施設統合・外郭団体の整理をすすめて,行政の効率化を図っていくとしている。
　内部行政の改革については,「橋下府政が断行した改革手法で大阪市役所の役人天国を徹底的に,見直していきます」。具体的には「職員給与削減」「事務事業見直し」「外郭団体の整理」「行政サービスの市場テスト化」などである。
　民営化が行政改革の万能薬ではない。東京のメトロは,完全民営化を達成したが,猪瀬直樹『地下鉄は誰のものか』(ちくま新書)では,「東京メトロは都営を置き去りにしたままでの完全民営化を狙い,国は利用者本位の交通政策よりもメトロ株式上場による売却益ばかりを考えている」(同書表紙)と,憤慨している。大阪都が実現すれば,大阪市地下鉄の売却益を,見込んだ民営化が,必至となるであろう。
　これらの改革をふまえて,行政サービスの充実を図っていく,具体的には,「住民すべてに敬老パスの提供」「公立中学校の完全給食」「乳幼児医療費助成を中学生まで無償化」「待機児童の解消」「療育施設の増設・充実」「高齢者施設の増設」「小中学校普通教室へのクーラー設置」「予防ワクチンの無償化」など,行政サービス拡充のオンパレードである。

Ⅱ　地方選挙とローカル・マニフェスト

　市民へのアピール度という点からみれば、「大阪維新の会」のマニフェストは、他党のものより、市民の共鳴感への響きがあった。そこにはかなり強引な論理や、詐術の数値が、散乱しており、公党のマニフェストとしては、その正当性が問われるであろう。

　第5に、大阪都構想の工程について、「今回の統一地方選挙で、維新の会が過半数を占めれば、直ちに協議に入り、公務員職員をフル稼働し、府民の皆様の意見も頂戴しながら、2年ほどかけて本マニフェストで示す大阪都の制度設計に入ります。そして、最後は住民投票で良いか悪いか最終判断して頂きます」と提言している。

　このような大阪都構想という、大きな争点をかかえた、大阪府の統一地方選挙は、争点選挙の色合いを、強めていった。しかし、争点だけに絞り込むことはせず、自民党のように、地方行政全体の施策列挙型のマニフェストでもあり、争点・施策合体型で、有権者へ選択肢を、提示している。

　まず各政党の選挙マニフェストを、マスコミも評価をくわえて、有権者に紹介しており、マニフェスト選挙が、次第に定着しており、毎日新聞（11.3.24～26）でみてみると、表2～4のように、まとめられている。

　各政党のマニフェストを、比較すると、大都市制度への対応が、ある程度わかる。大阪都構想について、自民党・民主党は、行政協議会方式で対応し、公明党は市町村合併方式、共産党は、現状維持、みんなの党は、都構想に賛成である。

　注目されるのは、「自民の谷川秀善府会長は『私はずっと前から都制論者だ』として、都制導入には肯定的です。しかし、解消される大阪市の市議には抵抗感が根強く、党内で完全な意思統一はなされていません」（11.3.24，毎日）。また公明党は「都構想については『具体論に乏しく、議論の必要がある』として中立の立場」（同前）で選挙戦に臨んでいる。

　大きな問題は、議員定数であるが、「大阪維新の会」・公明党が、具体的に数値をあげ改革の方針を明示している。かりに「大阪維新の会」・公明党で、過半数をとれると、政策協議をして、実現しなければ、マニフェスト違反に

表2 大都市制度に関する各政党マニフェスト（毎日 11.3.24）

【維新の会】	・大阪・堺両市を解体・再編成する「大阪都構想」を提唱・両市に特別区制を敷き，区長公選制を導入
【自　　民】	・府を解消し，より広域の行政体「関西州」を目指す・府と大阪・堺両市の首長，議員らが広域課題を協議する「大阪広域戦略協議会」を設置
【民　主　党】	・府と大阪市などが共同して事務を行う「府市共同事務センター」を設置・住民に身近な行政は地方自治体に委ねる
【公　　明】	・府内43市町村を，潜在能力を活かせる規模に合併・再編・全自治体で構成する「新・おおさかサミット」を設置
【共　産　党】	・住民の福祉と暮らしを守る自治体本来の姿に大阪府をよみがえらせる
【み　ん　な】	・地域主導型道州制実現へのステップとして「大阪都」を実現

なる。

　具体的数値を掲げることは，市民に説得性があり，それだけ集票への貢献度は大きいが，それに比例して政治責任の厳しくなる。メリットとデメリットを，認識しなければならない。

　また民主党・共産党は，削減を明示していないが，市民感情からみて，議会改革に熱意がないとみなされ，集票機能からみて，マイナスであることを，十分認識する必要がある。

　注目されるのが，民主党が，「臨時職員」「パート労働者」の労働改善，を揚げているが，具体的改善内容が欲しい。また「新しい公共」セクターも同様である。

　民主党のマニフェスト本文では，「これまで『官』が支えてきた教育，子育て，医療，福祉などの公共サービスに，地域のNPO法人など社会的企業や市民が積極的に参加できるようにし，市民・事業者・行政の協働によって新たな人や地域の絆を作り出そうというもの」と説明している。それならば，「新しい地域協働セクター」としたほうが，イメージからわかりやすい。

　行政サービス分野について，各党とも全行政分野について，項目を列記しているが，民主党は，詳細な項目にわたって，考えも付記している。行政サー

Ⅱ　地方選挙とローカル・マニフェスト

表3　議会・役所改革のに関する各政党マニフェスト（毎日 11.3.25）

【維新の会】	・大阪府・大阪市の職員数を3割以上削減・府議会の定数を現行109人から88に削減
【自　　民】	・広域自治体の議会内閣制，議院内閣制への移行を視野に研究を行う・断固とした行革努力を進める
【民 主 党】	・自治体の臨時職員・パートの労働条件を改善・市民と市民団体が行政サービスを担う「新しい公共」を推進
【公　　明】	・府議会の定数を現行109から87に削減・三セクへの「天下りゼロ」を実現する
【共 産 党】	・1人区や2人区を増やす議員定数の削減には反対・政務調査費の支出を一層厳格にする
【み ん な】	・府議会・大阪市議会の議員数を大幅削減・府・大阪市の一元化により，トータルの職員数3割カット

ビスでは，出産助成金，救急医療センター，子ども手当充実なが，表の事項より適切であろう。

　このようにマニフェストを，マスメディアがとりあげ，比較検討することで，有権者に一応の選択肢を提示できたといえる。あとは各政党が，政策型マニフェストへ，水準をあげていくことであるが，施策列挙型に対応して，その財源をどうするか，個別でなくマクロでも，財政分析をくわえて，財源

表4　議会・役所改革のに関する各政党マニフェスト（毎日 11.3.26）

【維新の会】	・水道事業を統合し，料金の値下げする・公立中学校の完全給食の実施
【自　　民】	・鉄道の乗り継ぎをスムーズにし，乗り継ぎ運賃を軽減・医療・介護など雇用のマッテングを図る
【民 主 党】	・電子申請，電子納税の普及と，各種証明書発行のワンストップサービスの確立・水道事業の広域普及を強化し，水道料金を値下げする
【公　　明】	・学校施設100％耐震化の推進・がん患者の治療費負担軽減や緩和ケアに取り組む
【共 産 党】	・少人数学級を全小中学校に拡大・府と市町村の努力で国保料を値下げする
【み ん な】	・水道事業は一体化して民営化・地下鉄・市営バスの民営化

収支を明確にしていき，マニフェストの信頼性を高めることである。

　つぎに朝日新聞も，表5のようにまとめている。東日本大震災があり，各党マニフェストも，急いで防災対策を追加している。項目別でなく，類型別に変質されている。「キャッチフレーズ」では，共産党以外は，経済振興的色彩が，濃いといえる。

　「主な内容」は，行政制度と個別施策が混在しており，選択肢が整理しきれていない。市民も個別施策までは，関心が及ばないのではないか。選別基

表5　各党のローカル・マニフェスト（2011.4.7，朝日新聞）

区分	キャッチフレーズ	主な内容	自治体のかたちの改革	防災施策の主張
民主党	始まる。新しい大阪・関西（オール関西）	国の出先機関の原則廃止。二重行政解消に「府市共同事務センター」	府から市町村に権限や財源を移譲，府の役割は段階的に縮小	被災地支援の充実と地震津波対策の強化
自民党	ワン関西	府と大阪・堺市による「協議会」をつくり，二重行政解消など行政の効率化を図る。	道州制を導入。権限や財源を維持するため市町村合併も進める	避難の方法や場所，ハザードマップ見直し
公明党	ひとつの大阪，関西は一つ。	43市町村を再編強化し「チーム大阪」として連携。議会機能強化，議員の定数報酬削減	「広域自治協議会」で市町村連携を調整。大阪市は抜本的に見直す	原発・津波対策点検，ハザードマップ見直し
共産党	府民生活こわす橋下「改革」ストップ	国民健康保険料，介護保険料の値下げ，大阪市の敬老パス継続．救命救急医療体制の充実	大阪都構想は反対。大阪市の区役所の予算を増やし，体制と権限を強化	防災計画の見直しと原発の総点検
みんなの党	道州制と「大阪都」の実現，など	国の出先機関を丸ごと引き受け。地域主導で道州制を実現。特区を設け，規制緩和を推進	道州制へのステップとして大阪都実現。政令指定市を解体，都に一元化	東日本復興院の創設，大阪に移る企業支援
大阪維新の会	よみがえる大阪	府と大阪市の広域行政を大阪都に一本化。日本のもう一つの首都機能を担う体制をめざす	府と大阪市を「都」と「特別自治区」に再編。区長は公選制に	特別自治区で自立した危機管理が可能
社民党	※ローカル・マニフェスト作成せず	全国共通政策集で，議会ふくめ自治体情報の全面公開，原発依存の段階的縮小	全国共通政策集で，政令指定都市制度の見直し，小さな自治実現	自治会など住民参加で防災計画作成

Ⅱ　地方選挙とローカル・マニフェスト

準となるのは,「自治体のかたちの改革」で,「大阪維新の会」は大阪都構想であり, 民主党・自民党・共産党などは協議会方式, いわゆる自治体連携方式であり, 対立している。公明党は大阪都構想には中立であるが, みんなの党は, 大阪都構想に賛成である。道州制は, 自民党・みんなの党は推進派, 共産党は反対派である。

マスコミのまとめでも, 大阪都構想が, マニフェスト比較でも, 選択肢として, 一般市民は選別することになる。したがって政党は, 選挙マニフェストでは, 理念・方針をかかげ, 争点重視の構成が, 効果的マニフェストであることがわかる。

争点選挙に大阪府民が求めたのは, 大阪経済の低迷をどう脱皮するか, 経済低迷からくる, 生活不安をどう, 払拭するかであった。各政党のマニフェストは, 必ずしもこの要望に明確に応えていない。

それでも大阪維新の会が, 大阪都構想による広域行政一元化で, 地域開発を図っていく戦略を全面に打ち出している。政策的には誤りであり, 効果はほとんど期待できないが, 府民の漠然たる期待感に, 応えたことはたしかである。

その他の政党は, 地域振興については, 紋きり型であり, 選挙民にインパクトを与えられなかった。公共投資でなく, 新産業（技術開発だけでなく, 福祉・教育産業もふくめた雇用創出）による, 大阪経済の復興ビジョンを提示できなかった。

すなわち大阪都構想による公共投資か, 基礎自治体による雇用創出かといった, 争点提示ができなかった。そのため大阪都構想が, 消去法で府民の願望に沿った, マニフェストとして集票機能を発揮したといえる。市町村優先主義による, 雇用創出という戦略マニフェストが, 政策の貧困性から, 提示できなかった。

3 マニフェストと大阪都論争の空転

　大阪の地方統一選挙の最大の争点は，大阪都構想であったが，市民が容易に選別できるテーマでなかった。各党のマニフェストをみても，大阪都の制度的なメリット・デメリットは，政策科学にもとづく，判別はなされていない。指揮官を一人にして，広域行政を促進すれば，大阪経済を復活するという，悲願にも似た，願望に過ぎない。

　橋下知事が，既存政党に仕掛けた，政治抗争のテーマであり，各党とも，賛否を迫られた。各政党の対応は，まちまちであり，しかも対立点で，論議を交すという，構成にはなっておらず，互い自己陣営に有利な点を，展開するだけであった。

　論争がかみ合わなかった，第1の要因は，提案政党である「大阪維新の会」が，大阪都構想の内容を，具体的に詰めなかった。ムード選挙に持ち込みたかったのか，具体的内容をつめれば，不利な実態が露呈することを，回避したかったからではなかったか。

　「大阪維新の会」のマニフェストでは，第1に，大阪都構想は，「One大阪」の核であり，広域行政の不可欠の前提条件であり，大阪経済復権のかけがえのない改革テーマとされている。

　大阪都構想による二重行政の排除・広域行政の導入で，7,000億円（マニフェストには明記されていない），大阪都方式で府市方式より3,063億円が，捻出できると，そのメリットを誇張している。

　第2に，特別区方式のメリットで，市民参加が充実し，中核市並みの権限・財源を特別区に与え，「国民健康保険・介護保険・生活保護などのセーフティーネットは広域（都）が担い」としている。

　マニフェスト全体としては，特別区方式の区長公選・都市内分権（大阪市からの権限・財源移譲）を強調し，大阪都構想が，市民主権改革であることを

Ⅱ　地方選挙とローカル・マニフェスト

強調している。

　マニフェストの戦略としては，大阪都よりその結果としての，特別区の自治性・市民性に多くの紙面をさいている。特別区方式を採用すれば，大阪市が消滅し，大阪市の市税の4割が，大阪都の財源となり，交通・水道・下水道・都市づくり，港湾などの主要事業が，大阪都に移管されるなどには，まったく触れられていない。

　第3に，肝心の大阪都構想の内容については，具体的には何もふれておらず，マニフェストの資料編の「改革工程票」で，「『大阪都』を実現するための法的課題」として，特別法の設定などがあげられている。

　また実現のための協議会の課題として，権限・財源・資産・負債・職員・事業の都・特別区の配分を検討するとしている。要するに大阪都構想は，内容がない提案であり，具体的財源・権限・事業は，なにも決まっていない。このような制度改革を，政党として提案すること自体が，問題である。

　論争が，噛み合わなかった要因の第2は，反対政党が，個別問題点まで，論争をふかめていないという，対応の拙さがあった。

　第1に，自民党のマニフェストは，大阪都構想にはふれておらず，関西州の実現をめざすとして，都制より広域行政は「大阪広域行政戦略会議」を，大阪府・大阪市・堺市を中心に広域行政の一体化をすすめる。

　大阪都構想より自治体間の広域行政連携を重視する方針である。また「道州制の導入を前提に，議会・行政・地域の協議会，自治会，NPOなどあらゆる組織の融合を図り，地域の力を結集していく」と，間接的に大阪都構想に対する否定立場をとっている。

　反対・批判の自民党は，大阪都構想の具体的制度欠陥を，なんら指摘しておらず，道州制導入で処理しており，政党として選択情報を，有権者に提供する責務を，あまりにも自覚していない。

　しかも府議会において，「大阪維新の会」が，最大会派になったのは，自民党から大量の転向者がでたからで，政党の利害関係からみれば，許されざる相手であり，大阪都構想に正面きって反対してしかるべきであるが，マニ

フェストは，さらりとかわしている。

　第2に，公明党も，自民党と同様で，道州制をめざし，基礎的自治体（市町村長）優先主義で，自治体間の連携方式を強調しており，大阪都構想には中立的姿勢をとっている。

　第3に，民主党のマニフェストは，真正面から都構想を，糾弾している。『大阪市と堺市の解体は時代の逆行』として，東京都制について，「首都決戦にそなえてつくられた制度であり」と非難している。

　また大阪都の内容について，「大阪市・堺市を解体して，権限の小さな特別区に分割し，市の重要権限と財源・資産を府が吸い上げる，これが大阪都構想の核心です。しかし，大阪市や堺市の力を弱めることが，大阪全体の発展につながるのでしょうか。都市にはそれぞれ生い立ちがあり，歴史と伝統があります。それが本来の都市の個性なのです。それを度外視して，自治体合併や自治体分割を強制する権限を求めているのが大阪都構想だと言わざるを得ません。………霞が関解体を主張していたはずが，いつのまにか大阪市・堺市の解体へと主張がかわっていることも，奇異に感じます」と，府県集権主義を弾劾している。

　さらに「『2トップが経済後退の原因』は間違いとして，『大阪の停滞，地盤沈下』」の原因は，『行政組織のあり方に問題があった。大阪府と大阪市とリーダーが2人いたからだ』という主張も間違いです。本当に『都制度』でなかったからでしょうか。それは論議のすり替えであり，一番の原因は，1964年，大阪・近畿圏にも工場等制限法が適用されたことにあります。………この法律が廃止された2002年以後は，大阪・関西への企業誘致も順調に回復していることをみても，明らかなことです。大阪経済が疲弊した原因のすべてを『行政制度に問題があった』とねじ曲げて，大阪市と堺市を解体を煽動し政治利用する主張は，的外れ」と，批判している。

　民主党は，理念・方針として，反対論を展開しているが，具体的内容を指摘しての，反論ではない。まず大阪市税の4割が，大阪都税となり，交通・水道・港湾・病院などが，大阪都の行政となり，生活行政の一体性が，破壊

されるが，この点，見過ごされている。市民にとって，開発行政の広域行政より，生活行政の一体性が，はるかに重要である。

特別区は，大阪都に財源・権限・事業を奪われ，不完全自治体で，大阪との統制が厳しく，地域サービス・市民参加も実質的には向上しないなど，「大阪維新の会」が，マニフェストで主張する，大阪都構想のメリットを，否定する必要があった。

特別区構想のアキレス腱である，特別区の権限・財源・事務事業の都・区の配分という点について，具体的に追求ができておらず，理念・方針だけでは，市民への説得性の乏しいとの批判を，甘受しなければならないであろう。

第4に，共産党のマニフェストは，生活優先の立場から，道州制・大阪都に反対し，反対理由は，地域開発重視の成長戦略と，決め付けている。府市統合の意図は，巨額の公共投資を批判の槍玉にあげている。

この点，共産党マニフェストは，広域行政重視の大阪都構想を，空港高速道路事業などを，総事業費・短縮時間もあげ，具体的に批判しており，説得性がみられた。

たとえばなにわ筋線（総額4,000億円）で，短縮時間7分，淀川左岸線延伸（総額3,500億円）も短縮時間6分（大阪北港〜門真）の効果しかないと批判している。橋下知事が主張する，広域行政の実態を，費用効果的視点から批判しているのは，マニフェストとして高い評価が与えられる。

しかし，肝心の特別区の内容について，「大阪維新の会」が，ばら色の夢を，振りまいている虚構性について，論及することまでには，及んでない。

各政党の大阪都構想に関する，ローカル・マニフェストをみると，第1に，一般市民がこの争点を，選別するには，具体的内容が，あまりにも少ないことである。その責任は，「大阪維新の会」が，大阪市議会で，過半数を確保するまで，具体的内容は，決定しないという，選挙戦略であったからである。

しかし，選挙におけるメイン・テーマの内容が，曖昧であるのは，提案政党である，「大阪維新の会」の責任は大きく，政策選挙として，成立しないことになり，公党としての政策軽視の非難は，免れないであろう。

3　マニフェストと大阪都論争の空転

　懸念されるのは,「大阪維新の会」のマニフェストには,二重行政・特別区経費などの試算で,意図的かどうかは別として,数値算定の誤りが,見られることである。具体的に「大阪維新の会」は,大阪都構想を二重行政の排除・特別区方式の経費削減を,財源的メリット・財源捻出のベースにしている。

　大阪市解体・特別区設置による,行財政効果を主張している。「中核市以上の権限をあたえる」「特別区方式による,行政コスト軽減」を主張している。「大阪維新の会」のマニマニフェストの試算では,約3,063億円の行政コストが削減されるとしている。

　この試算方式は,関西経済同友会が『関西活性化のために大阪府と市の統合』の試算手法をそのまま使用したらしい。吉富有治『橋下徹・改革者か壊し屋か』(181頁参照)でも,そのまま活用されている。この方式が一般的に信用され,転用されているが,筆者の試算では逆に約1,750億円の割高となっている。(高寄昇三『大阪市存続・大阪都粉砕の戦略』78頁参照)

　「大阪維新の会」の試算(表6参照)のあやまりは,東京都・大阪府のコストの全部を,23区・大阪市に,かぶせているからである。要するに大阪府が

表6　大阪都制における1人当り行政費増減推計

区　分	大阪維新の会の推計 1人当り：円	筆　者　の　推　計 人口：千人	歳出決算：千円	1人当り：円
大　阪　府	288,068	8,677	2,685,590	309,507
大阪市分	—	2,653	738,578	278,394
大阪市以外	—	6,024	1,947,012	323,209
大　阪　市	597,572	2,653	1,552,859	585,321
府市合計	885,640	2,653	2,291,437	863,715
東　京　都	424,533	12,548	6,911,263	550,786
23区分	—	8,743	5,528,960	632,386
23区以外	—	3,805	1,382,303	358,993
23区	343,300	8,743	3,032,740	346,877
都23区合計	767,833	8,743	8,561,700	979,263

注：人口平成20年12月末,東京都・大阪府人口は,21年3月31日,決算額は平成20年度普通会計
資料：高寄昇三『大阪市存続・大阪都粉砕の戦略』78頁。

Ⅱ　地方選挙とローカル・マニフェスト

大阪府下で実施した，公共投資・行政サービスも，全部大阪市のコストに換算している。

ところが，東京都23区の東京都における人口比率は，69.6％であるが，大阪市の大阪府における人口比率は，30.6％しかない。

したがって東京都の行政費を23区にかぶせも，大きな負担とならないが，大阪府の行政コストを，大阪市にかぶせると，3倍の負担となり，大阪市の1人当り行政コストが跳ね上がる。

「二重行政」も「大阪維新の会」がいうように，7,000億円もない。大阪都になってもせいぜい数億円程度である。「大阪都と"都内自治体"との関係をみると，これまでの中央と地方の関係とまったく同じで，大阪都が巨大な権限を一手に握るだけ。地方に当たる都内の自治体は，冷や飯を食わされるだけの存在になるかもしれない」（吉富・前掲書8頁）のである。

大都市の長所・短所は，大規模性にあるが，短所として市民参加が希薄になる。そのため行政区を，自治区にして，市民参加と行政サービスの充実を図ることが，大阪都構想のメリットとされている。

大阪市の内部における都市内分権で，十分とする見解に対して，橋下知事は「選挙という手順を踏まない民意の反映はあり得ない。民主主義の否定だ」と，批判している。このような論理をすすめれば，河村市長のように，小中学校区の選挙区で，自治体を創設し，公選首長を選出することになる。小さいから民主的であり，大きいから非民主的制ではない。

冷静に考えれば，大阪都構想といった，制度をいじくるだけで，経済・生活が，改善されるはずがなく，橋下知事カリスマ的魅力に，市民は幻惑され，思考停止に陥り，マスコミも橋下知事に，洗脳されているのではないか。

大阪都のような，複雑な制度改革を，選挙マニフェストのみで，政策論議することは，無理があり，各党とのマニフェスト別冊で，有料で市販すべきである。これら点からみて，現在の地方政党は，市民討議をベースにした政策的選挙を，展開するだけの，熱意があるのか，疑わしいといえる。

4 「減税日本」と減税政策の検証

　「減税日本」のマニフェストは，選挙戦略の意図から「アイチ・ナゴヤ」との，共同マニフェストとなっている。内容は，第1に，「平成の楽市楽座」として，「減税と大胆な規制緩和で景気回復」「愛知・名古屋の活力を取り戻す」としているが，規制緩和の内容や効果は，未知数のままである。
　第2に，「1年で県民税市民税10％で600億円の減税」「1300～2000億円の経済押し上げ効果」を提唱していがが，経済効果は，減税してもしなくても同じである。もともと本来，税率が全国同一というのもおかしいが，税率とサービスの連動性が，なければ減税も意味がない。
　第3に，「中京都の創設～アイチ・ナゴヤ～」として，「世界と闘えるアイチ・ナゴヤとするため『強い大都市』をつくります」と，「大阪維新の会」の強い大阪，経済復権と類似の発想であり，生活復権ではないことは，たしかである。
　具体的には「重複行政を徹底的に排除し，合理化による経費削減で減税財源を確保」「国の出先など国への行政改革の要求を強めます」「道州制の実現に向けて，国の機関，権限の受け皿となる『中部広域連合』を設立」「国税徴収をアイチ・ナゴヤで。国への依存から，国からの自立へ」「国から請求明細により自衛隊・外交，北海道，沖縄などへ支払い」「強い大都市，アイチ・ナゴヤが日本を引っ張り日本国民を豊かにします」などである。
　第4に，「『身近で優しい民主主義』の実現」を提唱している。「市町村への権限・財源移譲，地域のことは地域で決める地域委員会の推進」を具体策としている。都市内分権が，目玉であるが，地域委員会方式が，都市分裂・混乱をもたらす，危険性は無視されている。
　第5に，「地域・都市再生への集中投資」を提唱している。具体的には「環状道路・幹線道路の整備，港湾・空港・リニア新幹線などの交通・インフラ

の整備」「名古屋高速道路料金をまず 100 円値下げ。都心への通過交通の迂回，渋滞緩和，環境対策等を配慮しつつさらなる値下げを」「地域産業の振興，雇用の促進，中心市街地の活性化など優良な開発を推進」「～容積率・許認可の緩和，不動産取得税等の減免の検討，優良な宅地開発の推進」などである。

　第 6 に，「医療・健康・福祉へ集中投資」を提唱している。具体策として，「がん，脳卒中，糖尿病などの克服，小児，周産期医療の充実」「救急医療の支援，ドクターカー・ドクターヘリの増設。予防医学の充実」「陽子線がん治療設備の広域利用」「『健康長寿あいち』づくり。8020 運動の推進」「県有地・公有地，公営住宅・公的施設の利用活用で介護・障害福祉施設，グループホーム，保育所，託児所等を積極的に整備」「子ども・高齢者の悲鳴に耳をすます行政。児童虐待ゼロ，高齢者の孤独死ゼロに取り組みます」などである。

　「減税日本」のマニフェストは，うえの 6 主要政策とともに，重要施策として，つぎの 7 項目をあげている。第 1 に，「ふるさと農林水産業の振興」で，具体的には「地産地消の推進，あいちブランドの確立，都市農業の振興」である。

　第 2 に，「教育立県あいち，人材創造あいち」で，具体的には「教育現場への権限・財源移譲。社会人や企業 OB を教壇へ。小・中学校の学力アップ」「公私間格差の是正。いじめ問題の根絶。特別支援教育の充実」である。

　第 3 に，「地域の文化を活かし，あいちの個性を発信」で，「環境と文化を重視したまちづくりに一環として，歴史的建造物や旧東海道・美濃街道等の旧宿場などの町並みの保存・再生・活用に取り組む」「あいちの祭り・伝統芸能を振興」「市役所，県庁舎を国の重要文化財申請。同時に市民に開放，シティーホール化」などである。

　第 4 に，「観光あいちの創造」で，具体的には「県・市共同で観光政策司令塔をつくり，内外プロモーションを強化」である。

　第 5 に，「『10 大環境政策』で環境首都アイチ・ナゴヤを」で，具体的には

「藤前干潟を市民とのふれあいのメッカに」「2010COPを継承」「木曽川水系連絡導水路事業の見直し」「長良川河口堰の開門調査」「世界最先端の自動車環境都市の実現へ」「自転車環境を整備」「バイオマスエネルギーの活用を推進」「太陽光発電の支援」「都市緑化の推進」「河川の自然再生」など10項目である。

第6に,「リニコに乗ってモリコロパーク(愛・地球博記念公園)にみんな集まれ!」で,具体的に「環境に配慮した野外音楽施設を整備し,森と芝生,緑の中でコンサート,フェスティバルを楽しもう」を提言している。

第7に,「名古屋港,東山動植物園,久屋大通公園等,どえりゃあおもしれえエリアをつくります」を提唱している。

「減税日本」のマニフェストをみても,結局は減税が,市民の印象としては大きく,減税のマイナス効果は,対象になっていない。また減税そのものの説明も,簡単であり,議員報酬など,議会批判もない,施策列挙型のマニフェストである。

むしろローカル・マニフェストより,個人的パーホーマンスを,選挙戦術として重視している感がある。

また議員報酬削減は,河村市長の最重要テーマであったが,マニフェストからは,脱落している。残りの施策は,常識的な施策の羅列で,選挙の選択肢となっていない。

さきの3月13日に行われた,愛知県知事・名古屋市長・名古屋市議会議員のトリプル選挙をみると,マニフェスト選挙と関係なく,パンチの効いた「市民税10%減税」のスローガンを,かかげた河村市長陣営が,圧倒的に優位であった。

トリプル選挙を演出した,河村市長の脱法的行為・減税施策の政策的疑問などは,大きな争点とならず,ムード選挙となり,市民討議による,公約選挙という,教科書的な戦術は,まったく通用しなかった。

要するに選挙は,マニフェストと関係なく,市民へのアピール度が高い,キャッチフレーズを,演出できた陣営が,きわめて有利といえる。名古屋市

市議会選挙の争点となった，トリプル選挙・議員報酬・減税について，どれほど市民的討議がなされたか，疑問である。

既成政党は，河村市長の減税政策の矛盾・誤謬・マイナス効果を，徹底的に攻撃しなかった。一方，議員報酬への市民の蓄積されていた不満が，噴出し，この不満を吸収した，河村・大村陣営が，圧倒的勝利となった。

すなわち河村市長が，減税・報酬という，単一争点の相乗効果の狙いが，的中したといえる。

そのため「トリプル選挙」について，首長権力の乱用である。河村市長の辞職には，「大義なき辞職」（岡田幹事長）という，選挙戦術への批判は，効果はなく，河村市長をして，「ワシ『減税自治体』という考え方を批判する新聞は1社もない」（河村・前掲書9頁）と，いわしめている。

「議員報酬削減」についても，「議会改革を踏まえて報酬や定数を明確にできず，『時流に乗って』報酬削減や定数削減に邁進することは，議会の自殺行為であるし，結局，住民自治にとって背信行為である」（江藤・前掲書Ⅰ 169頁），「議員報酬は高いのだからボランティアに，というほとんど感情むき出し」（同前188頁），「議会力アップを議論をしなければ本末転倒になる」（同前）と，批判されている。

議員報酬は，市民感情からみれば，高いであろうが，報酬を低くした方が，議会は活性化するのか，またよい資質の議員が選出されるのか，全体的改革の枠組みのなかで，決定すべきである。しかし，河村陣営は，ポピュリズムが得意とする，単一争点に問題を絞り，選挙を優位に導いていった。

「減税問題」については，反対政党は，十分な反論をなしておらず，市民には政策のメリット・デメリットが，理解されないままであった。

河村市長は，「『市民税10％減税』は，市民のみなさんの生活負担を少しでも楽にしたいという目的はあるが，税金が安いということで企業や人を呼び込みたいという狙いもある。1年ぽっきりではなんの意味もない。さらに言えば，減税によって，無駄な公共事業や税金でメシを食っとる『職業議員』をあぶりだし，議会や役所の膿を出しきることにある」（河村・前掲書36頁）

と説明している。

市民の減税への評価は，大きくわかれる。「『愛知の改革』炎をたやすな」(11.2.23，朝日投書欄)は，「今回の投票で市民が求めたものは，河村市長の実践力だった。自ら報酬を大幅減にした有言実行の行動にこそ，国民の姿勢いかんで改革の可能性があることを自覚させてくれたからである」と，賛同をしている。

一方，減税批判は「爽快な政治どこかでひずみ」(11.2.13，朝日投書欄)は，「恒久減税によって行政サービスが低下したり，財政が悪化したりする恐れはないか，気になる。爽快感で国民の圧倒的支持を得た小泉政治の『後遺症』は様々な貧困と格差を生んだ………爽快感だけで政治を判断する単純さからはそろそろ卒業すべきだ」と，安易な選択を戒めている。

一時な爽快感と，将来の苦痛のどちらを，選択するかである。はっきりいえることは，河村市長は，全体としての名古屋市の行財政改革ビジョンがないまま，減税・議員報酬だけで，政治を動かしている。

もともとマニフェストは，全体として行財政改革を，どうするかという，政策視点・分析が，弱いという欠点がある。

河村市長の減税政策について，第1に，「減税というシングル・イッシューを掲げて圧勝した河村さんの手法を，独裁的だとかポピュリズムだと批判する声がある。だが，議会制民主主義のルーツをたどれば，専制君主による過酷な徴税に端を発した市民の反乱と，政治調整の必要性が認識されたのがスタートライン。税の議論を住民に問題提起するのは当然だ」(穂坂邦夫・朝日新聞，11.3.3)と，支持されている。

しかし，減税の効果を，メリット・デメリットをふくめて，提示していない。減税効果だけが，市民の歓心を誘い，選挙結果にゆがみが，生じる恐れがある。

第2に，河村市長は，減税で経済が活性化すると，そのメリットを強調している。減税は多くの自治体で採用している，企業優遇措置と，同様であるが，優遇措置は，進出した企業への措置である。

しかし一般減税は，すでに立地している，企業への恩典であり，優良企業のど恩典が大きい。また減税での企業誘致は，あくまで誘い水であり，減税で企業誘致に，成功するかどうか，不確かである。

もっとも國際経済では，「シンガポールは減税によって世界中の優良企業を集めている。地域の魅力を高めるため観点で減税は意味がある。借金の返済も必要だが，倹約でなく，減税で経済成長を促がして税収を増やす方法もある」（岸博幸・慶大教授，11.2.17，朝日）と，地域振興経済戦略としては，それなりに評価されている。「ただ減税は改革に入り口に過ぎない。どういう社会をつくるのか，借金はどうなるのか，全体像を示さないと有権者は判断できない」（同前）と，条件つき効果である。

さらに減税政策は，たとえ企業誘致に成功しても，「日本の他の地域が衰退する。これでは近隣窮乏化政策であり，他地域の犠牲の下でしか成り立たない議論だ」（小野善康，11.2.23，朝日）と，批判されている。

しかも一律減税では，消費性向の低い高所得者層が，多額の減税をうけ，消費性向の高い低所得者層に少ない減税になる。

したがって景気は低迷し，所得格差はますますひろがる。「身内を無駄だ非効率だと攻撃し，減税というばらまきで，人々に経済が拡大するという錯覚を起こさせる手法は，周回遅れの小泉改革である」（同前）と，そのポピュリズム的要素が，指摘されている。

第3に，減税と公共サービス削減が，連動していないので，市民は反対するはずがなく，減税は，市民のモラルハザードを，誘発させかねない。

アメリカの地方自治体のように，税率とサービスが連動しなければならない。アメリカ・シャトル市では，シャトルマリナーズの球場新設をめぐって，住民投票に付しているが，財源は市売上税引上げ，事業地方債発行，賃貸料収入などが明示され，結果，僅差で建設が，認められている。要するに日本とは違い，財源の内訳・建設費の償還計画が，当初から決っており，箱物行政で財政が悪化することはない。

日本では，地方税より交付税で，財政収支が均衡化される，システムに

なっているため、地方税負担と公共サービスとの関係は、遮断されている。名古屋市の22年度予算でも、減税にもかかわらず、歳入・歳出とも増加している。これでは市民は、痛みを感じないので、もろ手をあげて賛成である。

第4に、河村市長は、減税の財源補填は、行財政改革（**表7参照**）をやれば、減税補填はでき、収支は均衡していると、反論している。

さらに減税してもサービスはよくなり、市民負担も軽減され、市債残高増加も指定都市平均であり、よいことずくめで、減税こそ最高の財政運営戦略と、推奨している。

しかし、財政分析は、自己に有利な分析をしょうとすれば、いくらでも粉飾できる。憂慮されるのは、短期・フロー収支はともかく、長期・ストック収支が悪化し、負担を将来に転嫁しているのではないかという点である。

第1に、減税分の補填は、22年度はできたとしても、職員給与・財産売却・事務事業見直しなど、23年度はさらに厳しくなることは確実である。

第2に、水道料金・健康保険料は、引き下げられたが、分娩介助料などは、大幅引き上げなど、市民負担への転嫁がみられる。

第3に、市債は増加し、資産は目減りし、財政状況は、フローのみでなく、ストックも悪化し、市民は将来、その付けを払わされるであろう。ことに基金（普通会計21年度末）は、272億円で、大阪市1,138億円、神戸市565億円、仙台市878億円、北九州市416億円、京都市416億円などと比較して、大きく見劣りがする。

表7 平成22年度予算編成

収支不足（見込み）額	収支不足への対応
市民税減税 161億円	行財政改革 185億円
通常の収支不足 321億円 　市税の減収 　義務的経費増	職員給与・改定 66億円 財源対策 231億円 臨時債 130億円 未用地売却等 101億円

資料：名古屋市「平成22年度予算のあらまし」

Ⅱ　地方選挙とローカル・マニフェスト

　減税による，財源が補填できたとして，フロー会計であり，ストック会計でみれば，減税などしている余裕はない。減税分は結局は，ストック会計の悪化という形で，将来市民の負担に転嫁されているだけで，災害発生などを考えると，ストックの不足は，財政の致命傷となりかねない。名古屋市の市債残高は，1兆8,000億円もあり，161億円の減税している状況でない。
　第5に，地方財政の基本原則からみて，交付税をもらいながら，減税するのは，理屈にあわない。片山総務相が，「減税先行の行改は邪道」と，批判している。机上演習的には，交付税の基準財政需要にみあった，公共サービスを名古屋市はしていないことになり，交付税を返還するべきといえる。
　感情論としては，「自分のところの税金は安くする一方，他の地域で取った税金は地方交付税のかたちで受け取りますというのは虫のいい話ではないか。自治体の助け合いである地方交付税制度の根幹がゆらぐ」(神野直彦，11.2.17，朝日) と，由々しい施策であると，批判されている。
　また与謝野馨経済財政相は，「減税日本などといってはしゃいでいるよりは，市の地方債残高を減らすことに使うべき」(朝日・11.2.23) と，批判した。さらに「名古屋市だけが行革に努力していると思っているのは大間違い。国中の自治体が血の出るような努力をして財政難に耐えている」(同前) と，苦言を呈している。
　これに対して河村市長は，「与謝野氏はやめてもらわないといけない。税金で食ってる人が偉そうな顔をするのはやめてほしい」(同前) と反論しているが，政策論として，筋違いの反論である。
　第6に，減税がなければ，行財政改革は，すすまないという，河村市長の持論は，財政運営の無策・無能を，露呈している。財源不足という状況は，いわゆる兵糧攻めで，行財政改革を断行する，捨て身の戦法である。それならば，保育所増設による待機児童の完全解消のほうが，行財政効果は数倍になる。
　161億円 (減税財源) で，保育所費充実をするつもりならば，3分の2の補助金があり，実際は483億円の支出増加となり，経済刺激効果は，減税の3

倍になる。減税は, 財政的には減税分をどこかで, 補填しなければならない。減税分が, そっくりそのまま消費・投資にまわらない。しかも減税は, 個人貯蓄・法人内部留保もあり, むしろサービス・雇用は, それほどふえない。

　政策的にみても,「公共サービス削減のキャンペーンは, 政策を考える側の自己否定だ。自分はお金を有効に使えないから, 何もせずお金を返すということだ。経済にとって税金をそのまま戻すのがいいか, 雇用をつくって公共サービスを提供し, 給与で戻すのがいいか, 答えは明らかだ」(小野・前掲朝日) ともいわれている。

　減税問題も, 大阪都構想と同様に, 各政党が, 名古屋市の財政状況分析も加味した, 実証的分析にもとづく, 争点整理が不可欠であったが, 別冊特集マニフェストも, 出版されることはなかった。政策選挙への道のりは, いまだ遠いといえる。

Ⅱ　地方選挙とローカル・マニフェスト

5　ローカル・マニフェストの再編成

　大阪府統一地方選挙のマニフェストをみると, マニフェスト信奉者が, マニフェストを, 掲げたのでなく, マニフェストが, 政治の渦中に巻きこまれた。したがってさきの松沢神奈川県知事のマニフェストのように, 模範的な構成になっていない。

　各政党のマニフェストの様式は, ばらばらであり, 争点型マニフェストもあれば, 施策型マニフェストもあり, 市民が選択基準を, 突き合わせて決定することができない。

　ことに争点選挙となり, ポピュリズム政党のマニフェストが, 攻撃型であるため, 有利である。首長新党のマニフェストは, レトリックを駆使し, 自己主張を巧みにアピールする術に, 優れているだけでなく, しかも立証数値に, 粉飾がみられるからである。

　首長新党のマニフェストは, 強烈なシングルイシューの争点, 政策論議より感性へのアピール, 粉飾された政策提示などをみると, 悪しき世論・誤った世論への誘導がみられる。

　現在の地方政党のマニフェストを, ローカル・マニフェストのマニュアルでみると, 政策評価基準としての, マニフェストの水準には, すべてが達していない。

　ただ争点型マニフェストは, 施策型的マニフェストからみると, 欠点が目立つが, 選挙選択基準としては, それなりの効用を発揮している。選挙戦術主導型選挙にかわって, 政策主導型選挙への, 転換への糸口となっているが, ローカル・マニフェストの限界もみられ, 再編成を迫られている。

　第1の課題として, 選挙において, 曲がりなりにも, 争点があれば, 個別施策の施策型マニフェストより, 争点型マニフェストを, 優先させることになる。選挙マニフェストでは, この傾向はさらに強まるが, 選挙民の選択基

準として，明確になる。

　第1に，争点選挙と通常選挙とのマニフェストである。争点なき選挙のローカル・マニフェストと，争点選挙という臨戦体制下のローカル・マニフェストは，異質の役割を，担わされているのではないか。もっとも「相乗り」選挙で，無風選挙であれば，施策型マニフェストを，有権者に示し，当選後の自治体運営の指針と，なるようにしなければならない。

　しかし，争点が明確なときは，まず争点をめぐる，理念・方針を明確にする，特別な構成を，採用しないかぎり，選挙での敗北は免れない。

　ひとたび選挙戦の火蓋が，切っておろされると，争点型マニフェストとなり，施策型マニフェストは，後退を余儀なくされる。実際，施策型マニフェストは，選挙の選択基準としては，必ずしも適切な基準を，明示することができない。

　さりとて施策マニフェストを放棄して，争点だけで選挙が，争われているわけでない，当該自治体の政策にもとづく，行政運営の課題は，どうでもよいことにならない。争点マニフェストのみでは，選択基準とならないが，行財政計画のような，詳細な施策・事業の羅列でも，選択基準とはなりえない。

　かつて橋本内閣が，掲げたような，骨太の6大改革（行政改革・財政構造改革・金融システム改革・社会保障構造改革・経済構造改革・教育改革）にみられた程度に，絞り込む必要がある。

　骨太の改革方針を列挙するが，総論としてビジョン・プログラムを，しっかりと提示し，争点は，総論の枠組みのなかで展開するのが，もっともまとまりのよい，構成といえる。

　第2に，争点型選挙をどう，演出するかである。統一地方選挙がはじまり，12都道府県で知事選挙がはじまったが，東日本大震災をうけて，ほとんどが防災・安心である。わずかに奈良県で，広域防災をめぐって，関西広域連合への加盟の是非が，争点となっている程度である。

　東京都知事選挙に出馬した，東国原英夫氏の選挙公約も，環境や景気対策など，10の分野別にまとめた，公約を発表している。有権者は個別項目を，

丹念に検証することより，争点となるテーマを，みつけて判断することになるが，争点が容易にみつからない選挙もある。

東国原氏も，閉塞感の打破を，目的にしているが，具体的テーマでは，築地市場移転問題は1年以内に方針決定，新銀行東京については，第三者委員会の設置で処理する。2020年の夏季五輪は，断念という方針である。

結局，争点なき，選挙となり，しかも震災関係で，テレビ報道も少なく，新人には不利な選挙になってしまった。勝敗は別として，巨費を投入した，選挙が政策論争もなき，無駄な選挙となった。

青島都知事が，都市博覧会中止を，単一争点にしたが，東国原氏も，単一争点型選挙に持ち込めなかったのか，選挙戦術としては，疑問がのこる。ただかりに防災を争点にしても，新人候補に，行財政資料が不十分であり，政策立案のハンディが大きい。問題は平素から地方行財政問題を，しっかりと身につけておくしかない。

第3に，選挙争点の課題である。結局，ローカル・マニフェストは，一般的行財政のすべてを，政党選択の基準とはなしがたい。したがって実際は，当面の課題を，争点としなければならない。

争点は具体的に判断が，容易なテーマはふさわしい。名古屋市の「市民税10％減税」，滋賀県の新幹線新駅などである。しかし，大阪都構想となると，争点は曖昧となり，選択肢を摘出することは，反対派にとって困難な作業となる。

要するに「争点が具体的であれば比較的，賛成・反対の判断がしやすい。だが，都構想の場合，論点が多岐にわたる上，実現した後の結果が想像しがたいため，有権者は判断に迷う………賛否の判断が難しいものを単一争点にして選挙するのは不自然ではないか」(松谷満・朝日11.2.25)と，批判している。

しかし，大阪都構想にしても，1年以上も論争されてきたので，各政党・関係首長が，政策型選挙への努力をしていれば，争点はかなり明確になっていたはずである。しかし，争点かくしが行われる一方で，争点を明確にする努力も不足していた。

第4に，争点選挙であれ，施策選挙であれ，キーポイントの財源の算出・積算である。情報公開が，不十分であれば，「ベンチマーク方式，マニフェスト方式いずれも，それだけでは絵空事となっていく」(松下圭一『シビル・ミニマム再考』47頁，以下，松下・前掲書)ことになる。

　イギリスのマニフェストでも，財源の積算は，不十分である。大ロンドン市長のローカル・マニフェスト(四日市大学・前掲書42～57頁参照)でも，政府への要望はあるが，自己財源の提示はないといわれている。

　「候補者は，自分が首長になろうとしている自治体の財政状況を的確に把握し，どこから財源を工面するかを決めておくことが必要である」(同前60頁)のである。もっとも個別施策ごとの財源は，必ずしも必要ないが，マクロとして新施策の財源をどうするのかを，算出していなければならない。

　マニフェストを，政治選択基準とするには，与党に比して野党は，圧倒的に不利であり，このハンディキャップをうめるには「政治・行政の深部までの指数による情報公開が日頃おこなわれているか」(同前47頁)，が先決条件となる。

　財源負担・財源補填など，イギリスのマニフェストのように，個別項目の財源手当をする必要はない。河村市長の「市民税10％減税」は，行政改革で財源補填を捻出している。

　また大阪都構想は，二重行政の廃止，都方式のコスト減少をかかげている。しかし，財源算定は，正当な積算でなければならない。

　第5に，争点選挙の限界である。争点型マニフェストが，行き過ぎると，イメージ・ムード型マニフェストとなり，具体性のない感性に，訴える選挙になる。

　「大阪維新の会」のマニフェストは，「One大阪」とか「世界に伍する都市」とか，「特別区方式による地域主権の確立」とか，心地よいスローガンを，列挙しているが，内容的には，具体的な検証がなされていない。

　このたびの統一地方選挙は，防災一色といえるが，内容のない防災スローガンだけでは，政策型選挙を放棄し，イメージ選挙へとなりかねない。争点

型選挙にするためには，道路を削って，防波堤を強化するとか，防災特別法で定外税を設置して，老朽家屋のスラムクリアランスの遂行など，政策型施策の提示がなければならない。

しかし，選挙戦術からは，政党は無責任・政治詐欺と，誹られようとも，市民うけする争点で，攻勢を仕掛けるのが，絶対的に有利である。卑近な事例が，増税より減税が有利である。

財政効果でも，大阪都構想のうに，二重行政で7,000億円，都制方式で3,000億円，合計1兆円の節減がもたらされると，如何に架空の誤った積算であっても，宣伝した方が，選挙では優勢にたてる。

これらの点について，マスメディアも，いちいちチェックしないし，反対政党から指摘されも，選挙に勝てばどうにでもなる。

このような選挙戦術を封じるには，臨戦体制でマニフェストによって，即座に反論し，政策論争を仕掛けるしかない。要するに平素から，市民の政治民度を，高める努力が，ある意味では，最良の防御であるといえる。

第2の課題として，スローガン型・施策型マニフェストから，争点型・政策型マニフェストへの転換という，視点から実際のマニフェストをみると，多くの課題がみられる。

マニフェストの政策の理念・基本方針などが，必ずしも丁寧に説明されていない。政策の力点・方針，最悪でも理念が，明確であることがのぞましい。
「政策に優先順位をつけようとすれば，ビジョンもしくは理念を示すことが必要となろう」（四日市大学・前掲書61頁）といわれている。

しかし，個別事項は，施政事項の羅列であり，基本理念・列挙施策から，当該政党の真の政策意図を，よみとることが必要である。

第1に，経済・地域振興か，生活環境保全かである。争点型であれ，施策型であれ，理念・ビジョンが明確に打ち出されていれば，有権者は，そこから経済振興優先か，生活環境優先かを判断することができ，マニフェストの各施策は，枝葉末節となる。

「大阪維新の会」のマニフェストは，「強くて豊かな大阪」と「優しい大阪」

を，列記しているが，全体としては経済開発優先の行政展開であることは，項目・語感からうかがい知ることができる。

　民主党のマニフェストは，行財政改革への対応，社会経済変化への対応，大阪都構想に対する対応と，正攻法のマニフェストになっている。しかし，経済成長戦略でなく，さりとて生活保護戦略でもなく，共同・連携ネットワークなどによる構造・システムの変革を，すすめる，いわゆる「第3の道」を，めざす戦略であるといえる。

　自民党のマニフェストも，民主党と同様に，総合的施策にわたって，展開されているが，「関西州の実現・ONE関西へ」という，メインスローガンに見られるように，どちらかといえば，成長戦略の推進を，めざすニュアンスがみられる。

　なお経済成長戦略として，橋下府政は，平成22年8月『大阪の成長戦略（仮称）』［骨格案］を，発表しており，その概要はわかるが，開発優先主義であることにはかわりない。

　マニフェストで，複雑な問題を討議するには，限界があり，『大阪の成長戦略』のように，別途報告書を発表すべきで，大阪都構想などは，「大阪維新の会」の報告書がないのが，不思議なくらいである。

　第2に，生活維持・健康保持・環境保全などについては，民主党のマニフェストは，高齢化・少子化・人口減少といった，社会変化にどう対応するか，現在の無縁社会・失業問題をふまえて，行政の積極的対応を展開すべきとしている。「ホームレス対策」「福祉はまちの真ん中で」など，新鮮な提案をしている。

　「大阪維新の会」も，生活支援として，予防接種の無料化など7項目をあげているが，理念・施策の説明がなく，争点重視のマニフェストとなっている。

　第3に，行政制度改革をめぐる判断である。中央集権か地域主権か，府県集権か市町村主権，行政の一元主義か二元主義かなどの選択である。「大阪維新の会」のマニフェストは，道州制とか首長一元主義とかにはふれていないが，選挙後，党首としての橋下知事が，推進へ力点をおくとなると，マニ

フェスト違反となる。

　なお自民党は，道州制の実現を，マニフェストで掲げているが，民主党は，市町村優先主義であり，大阪都構想には，当然反対である。

　第4に，財政再建をめぐる判断では，ハード・ランディングかソフト・ランディングかの選択肢まではふれられていない。「大阪維新の会」は，「橋下府政が断行した改革手法で大阪市役所の役人天国体質を徹底的に見直す」と，行政整理の方針である。

　民主党のマニフェストは，重要開発プロジェクトの見直しなどで，内部行政システムの改革には，ふれていない。行政サービスにおける，新システムの形成などで，実質的に効率化を，図っていくつもりである。

　しかし，行政の減量化は，避けて通れない問題であり，大阪市は，大阪府より優れた実績を残しており，不戦敗のような状況は，有権者から熱意がないと，批判されかねないであろう。

　ただ有権者にマニフェストから，政党の政策方針を判別することを求めるのは，酷な要求であり，政党・マスコミなどが，解説するのがのぞましい。

　第3の課題として，マニフェストが，市民的論議のベースとなり，政党間の政策論議を誘発する，水準にあるかというと，残念ながら技術的問題もふくめて，未成熟な水準にある。個別問題として検討課題をみてみる。

　第1に，卑近な事例では，地域政党・中央政党のいずれも，府県レベルのマニフェストで，市町村レベルのマニフェストではない。「減税日本」は，名古屋市の河村市長を母体とする，市レベルの政党として発足したが，マニフェストは，「アイチ・ナゴヤ」との共同マニフェストである。

　それぞれの自治体レベルに即応した，ローカル・マニフェストが，策定されるべきで，大阪市といった大都市の選挙でも，政党府連のマニフェストという，借り物ですましている。

　議員選挙という，マニフェストになじまない選挙であっても，政党は独自のマニフェストを作成する，努力を惜しむべきでない。

　ただ財源の積算は，容易でない。「市民活動が財務指数をはじめとする指

数の作成・公開を要求していますが, 政治・行政の深部の指数の作成・公開への拒否反応はいまだ微動だにしません。情報公開条例もせいぜい既成庁内文書の公開にとどまっています」(松下・前掲書 5 頁) と, 情報公開の不十分さが, 指摘されている。

第 2 に, マニフェストと情報公開の問題である。マニフェストにどれだけ, 市民が知りたい情報を, どれだけ掲載されたかで, 選挙が決まるといっても, 過言ではない。

河村市長の勝利は, 市議報酬の事態をあばいたという, ごく通常の情報開示を, 強烈な政治アピールで公表し, 情報に政治的付加価値を付けた。

今日でも自治体は, 政府情報に依存し, その問題を地域で検証していくという, 「モグラタタキ行政」(松下圭一) が行われてきた。

政治争点をめぐる「争点情報ないし争点指標を整理, 作成, 公開して, これにたいする解決のための政策・制度の造出をおこなうという発想をもたなかったのです」(同前) と, 自治体の対応が責められている。

外郭団体問題にしても, 風潮に便乗して, 外郭団体廃止のスローガンを掲げるだけでは, 無責任で, 独自に調査・分析で, 何が問題なのかを摘出し, 改善策をふくめて提示しなければどならない。

第 3 に, マニフェスト運用の課題である。マニフェスト実現への「工程表」は, 「大阪維新の会」のみであるが, 2 年をかけて審議し, 最終的には住民投票にかけるとしている。しかし, 大阪都構想は, 今度の統一地方選挙で, 全容がはっきりしていなければ, 有権者は大阪都構想の是非を, 選択できない。

選挙で過半数をとれば, 全容をつめるとしているが, 大阪都構想のメリットは, マニフェストで, さかんにＰＲしており, 巧妙な選挙戦術であるが, 民主主義のルールに反するであろう。

中央政党が, 消費税率を上げるが, 税率・内容・使途は, 選挙がすんでからでは, 国民は到底, 許さないであろう。住民投票にしても, 大阪府のみか, 大阪市・堺市と個別ごとの過半数を争うのかで, 結論は大きく左右される。

マニフェストの「拘束性」の運用課題である。マニフェストも修正が必要

である。「討議によって, 問題点が明確になり別の政策のほうが住民にとって利益になることがわかれば, 遮二無二ローカル・マニフェストの目標を実現する意味はない」(江藤・前掲書121頁) といわれている。

第3の課題は, 選挙型マニフェストとして, どのようなローカル・マニフェストを, 作成するかは, 一義的にきめられない。選挙情勢や当該自治体の状況におうじた, マニフェストを, 策定することになる。

第1に, マニフェストは, 理念・ビジョン・基本方針と, 各施策から構成されるが, 争点選挙でなくとも, 理念は明確に提唱し, 選挙の争点を提示しなければならない。

この点について,「現在のマニフェスト運動は政党政治を貧しくする方向に作用している………政策に関する数値目標, 財源, 実現に要する期間などを具体的に明記することが過度に強調されている。………最も重要なことは, こじんまりした整合性でなく, 現状を批判すること, よりよい社会を提示する構想力である」(山口二郎『政権交代』145・146頁, 以下, 山口・前掲書Ⅱ) が, 求められるといわれている。

また民主党のマニフェストについて,「やはり全体を貫く思想がないから, 矛盾する項目が雑然とならんでいる………地球環境問題, 温暖化対策を積極的に進め, 二酸化炭素を減らしますと言っている一方で, 揮発油税の暫定税率を廃止………高速道路を無料にしますと訴えている。これではどう考えても矛盾しています」(同前162頁) と, 理念なきマニフェストとして, 批判されている。

要するに確固たる理念, 明確な政策ビジョンがなければ, 争点・施策型のいずれの選挙でも, 有効に戦えない。

第2に, 個別施策については, 多くの無駄な事業は, 事業仕分けをしなければならない。教育・治安・福祉・環境・防災などの事業・施策は, 費用効果分析になじまないという意見もあるが, 可能な限り分析していけば, 比較選別の基準を, 導きだすことはできる。問題は政治的に利用するとか, 貧弱な分析とか, 誤った方式を適用するからである。

大阪都構想でも，制度の費用効果が，問われているが，「大阪維新の会」の効果分析はきわめて杜撰なもので，制度再編成の費用効果分析が必要である。

マニフェストの地方選挙への効果は，今回の統一地方選挙も，一応はマニフェスト選挙といえるが，選挙結果から多くの課題がみられる。それは今回の統一地方選挙も，全体としてみれば，争点なき選挙であった。東京都知事選では，石原慎太郎氏が，現職の安定感をいかし4選をはたした。

第3に，地方マニフェストの選挙効果はあまりなかった。東京都知事選でも，石原知事の天罰発言・オリンピック失敗なども関係なく，「東京から日本を救う」という，スローガンの前に，対立候補者は，有効な対立軸を，示せなかった。震災の影響もあり，テレビ討論会は，1回しかなく，討議なき選挙で決着がついた。

また中央政党の影響を，地方民主党は，大きくうけ，惨敗したが，地方民主党の活動実績とは，無関係であり，有権者は，あきらかに中央政党と，地方選挙を混同している。また個々の議員の社会活動などの事績は，ほとんど評価されることなく，選挙ムードで当落が，決定されていった。

当選議員のなかには，望外の結果に歓喜し，落選議員のなかには，まさかの結果に落胆し，当落の基準が何であったか，判断ができないのである。ただいえることは，利権型と同様に，平素からの地域活動，できれば政策的活動をつみかさね，風評やムードに左右されない，支持者を涵養しておくしかない。このようなムード選挙で，どのようなマニフェストを作成するのか改めて問われている。

第4に，ローカル・マニフェストにとって，衝撃的な行為が，「大阪維新の会」が，11年5月25日，府議会に提出した，「君が代条例」である。府議会では，「大阪維新の会」が，単独過半数をしめているので，成立は確実である。対象は，府立学校だけでなく，市町村立小中学校もふくみ，政令指定都市も例外でないとの意向もしめしている。条例の内容は，確定していないが，不起立3回で，懲戒処分とするなど，強権的政治そのものである。

「君が代条例」の論議はとものかく，マニフェストからは，4月の地方選

挙では,「大阪維新の会」は,「君が代条例」にはなんらふれていない。しかも最初に議会提出条例が, これでは, 一体, 地方選挙における, マニフェストとはなんであったのかである。

橋下知事は,「大阪維新の会」が大阪市解体などで, 過半数を獲得した, 政治的優位性を活かした, 行為であるが, マニフェストからいえば, 政治的には背信行為である。ただ橋下知事のこれまでの言動からして,「君が代条例」は予測できた。

マニフェスト選挙といっても, 政策・政治綱領だけでなく, 首長・政党の性格・行為から, 将来の行動も察知して, 投票する対応が必要である。ムード選挙であるとしても, 市民は研ぎ澄まされた, 感覚, いいかえれば, 政治的臭覚がなければならない。地域社会 民主主義は, またしても, 重過ぎる課題を背負うことになった。

このようなマニフェスト違反が公然と行われる状況をみると, マニフェスト選挙をいかに定着していくか, 選挙システムも変革が迫られているといえる。

全国的な地方議員選の動向は, 道府県議員選でみると, 改選前・改選後では, 民主党は335から346に, 自民党は1,140から1,119に, 公明党は173から171に, 共産党は94から80に, みんなの党が0から40に, 社民が44か

表8　主要地方議会選挙結果

区　分	名古屋市 改選前	名古屋市 改選後	大阪府 改選前	大阪府 改選後	大阪市 改選前	大阪市 改選後	堺　市 改選前	堺　市 改選後
民　主	27	11	21	10	18	8	10	5
自　民	23	19	23	13	20	17	4	7
公　明	14	12	23	21	20	19	13	12
共　産	8	5	10	4	14	8	8	8
維　新	0	0	29	57	13	33	7	13
減　税	1	28	0	0	0	0	0	0
その他	0	0	6	4	4	1	9	7
合　計	73	75	112	109	89	86	51	52

注：大阪市改選前その他は欠員2をふくむ。

ら41で，いずれも既存政党は，軒並み議席数をへらし，新政党のみんなの党と，諸派の首長新党が，大躍進している。

なお地域政党は，愛知県議選挙では，改選前は，「減税日本」の1議席のみであったが，「減税日本」13人，「日本一愛知の会」は5人が当選し，合計18人で，定数103名で，自民・公明党の推薦もふくめると，45議席となり，最大勢力となった。しかし，首長新党のみでは，5分の1以下で，伸び悩みがみられる。

その一方で，議員型新党の「京都党」は，1名から4名に躍進している。「地方独自の意思形成は首長と議会が一緒にやっていかないとならない」(11.4.12,毎日）と，首長新党とは，一線を画している。

大阪府では，維新の会が単独で，府議会で過半数を占めている。民主・自民・共産党は半減し，公明党は，微減にとどまった。大阪市では，民主・共産党は半減し，自民・公明党は，微減にとどまった。

今後，橋下知事は，大阪市議会で，過半数をとれなかったものの，他党との政策協議を模索しながら，大阪都構想の実現をめざす，政治的には自身の大阪市長選への立候補を，否定していない。今回の選挙における，出口調査（11.4.10,朝日）では，大阪都構想「賛成」は，56％であり，「反対」は33％で，都構想反対派にとって，依然として厳しい状況にある。

このような統一地方選挙を，どう総括するか，第1に，「既存政党の低調さと対照的に元気であったのが，首長新党だ。………明快な現状変革のメッセージとして支持をひろげた」（2911.4.12,朝日社説）といわれている。

「既存政党への批判票が集まったことは違いない。さらに『沈滞した大阪を何とかしてほしい』という府民の危機感が支持につながった」（2911.4.12,朝日社説）と分析されている。

要するに選挙は，いつも気分・ムードの要素が，選挙結果を大きく左右する。今回も既存政党支配への反発，「構想よりマンネリ打破」（11.4.12朝日）で，それだけ首長新党への期待感があった。しかし，全国にみれば，官僚知事・市長がおおく，自民党のみでなく，民主党も減少はすくない。

選挙動向を左右したのは，政策・政党もあるが，候補者自身が，「華がある」「新鮮さがある」かどうかで，小泉チルドレンの再現であった。

第2に，東日本大震災は，「大阪維新の会」には必ずしも，マイナス影響にならなかった。「災害時には指揮官が一人がよい」「首都機能の分散として，大阪の役割を評価する」など，変わり身の速さをみせた。

マスコミも「大震災では東京一極集中のもろさがいま見られた。分散社会をめざすには，関西をどうすれば元気にできるかという視点もかかせない」(同前)としている。しかし，震災を当て込んだ経済復権などは，期待感だけで，かえつて新産業の創設への意欲を削ぐ，マイナス効果しかない。

第3に，大阪都構想については，「二重行政とよばれるムダを排して，指揮官をひとりにする。………そんな都構想のおおまかな方向性は府民から支持された」(2911.4.12,朝日社説)といわれている。しかし，もともと二重行政はないのであり，綿密に行財政実態を分析して，論評すべきである。

しかし，「区割りや財源，権限などの具体的な中身は示されておらず，住民にとってわかりにくい」(同前)といわれている。結局は，橋下知事の議会で過半数をとってから，都構想の中身をはっきりさせるという戦略が，ずばり的中した。

都構想が，府民・大阪市民・堺市民に，賛成されたとはいえない，レフェレンダム方式の住民投票とことなり，政治選択であり，既存政党への不信が，「大阪維新の会」の躍進となっただけといえる。市町村合併と同様に，議員・政党選挙できめる性質の課題ではない。

都構想について，橋下知事は，政治的優位をいかし，プラス効果は，最大限に誇張し，マイナス効果は，最小限にとどめる，情報操作が行われるだろう。「都構想で大阪の経済を再生できるという道筋もはっきりしない」(同前)という批判があっても，どうにでも反論できる。

公費を投入した答申は，マスメディアで宣伝され，反対論に対して，絶対的に有利である。公平で政策的な市民討議が，どこまでなされるかが危惧される。

5 ローカル・マニフェストの再編成

　第4に,橋下知事の議会内閣制をめざす,二元代表制の否定方針は,今回の統一地方選挙で,大阪府議会で,過半数を占めたことで,現実のものとなった。

　マスコミは「首長が仲間の議員で議会を制する手法は,『首長VS議会』の激突の構図を解く策として注目された。けれど,その是非をめぐる議論が震災の影で深まらなかったのは残念だった」(同前)としている。しかし,地域民主主義の危機として,深刻に受け止めなければならない。

Ⅲ　地方政治再生と自治体改革

Ⅲ　地方政治再生と自治体改革

1　自治体改革の視点と処方箋

　統一地方選挙でみた地方政治は，偏見の嫌いがあるとしても，世論・政党・選挙の不合理性である。東日本大震災の影響があったが，あまりにも市民討議が乏しい，地方選挙の実態である。
　東京都知事選挙にみられる，争点なき選挙が，多く見られたが，一方，大阪における，ポピュリズム的首長新党の猛威・脅威のもとでの選挙も，ムード選挙で，実質的には討議なき選挙であり，間接民主制がもつ，決定システムの欠点が，顕在化した。
　市民は住宅購入のときはもちろん，野菜を買うときも，熟慮をして決定する。地方選挙にあっては，争点選挙が過熱すると，この日常的選択が，必ずしも通用しない。
　原因は，端的にいえば，政策討議に関係する情報量・機会が少なく，一方，マスメディアは，ムード・ビジョンを煽りたて，政策型より感性型の選挙へと，変貌させているからである。結果として"熟慮なき投票"となり，間接民主制の罠にはまっている。
　自治体行財政運営の視点からみて，政策的討議を，どう保証するかである。河村市長の市民税10％減税，橋下知事の大阪都構想は，ポピュリズム的政治的思惑が先行し，市民討議の洗礼をうけていない。
　ポピュリスト的首長は，圧倒的な情報発信力でもって，世論を誘導しており，選挙における競争条件の平等性（イコールフッチング）が，保障されていない。テレビは，話題性を求めて奔走し，ポピュリズム的要素が，ひろく報道され，ローカル・マニフェストといった，正攻法の対抗力は，いかにも印象は弱い。
　全般的に市民討議の不足のままで，減税・大阪都などが，クローズアップされ，有権者の意識を誘導し，投票へ強いインパクトをあたえた。結果とし

て地すべり的な勝利を，首長新党はおさめた。

地域社会の決定システムを，科学的民主的な市民討議をベースにした決定への，コペルニスク的転換を，図っていかなければならない。ポピュリズムに対抗するには，自治体行財政改革，議会改革，政治改革（市民参加システム）における，市民討議の導入が不可欠である。

ポピュリズム対地域民主主義という，対立軸で地方政治をみると，ポピュリズムの政策的欠陥は，大きいが，その欠陥を突く，既成政党の政策力も，乏しいという，弱点がみられる。まずポピュリズム的首長のマニフェストの，政策的課題を摘出し，対応策を考えることになる。

憂慮されるのは，減量経営・広域行政をセットにした，「地域開発への傾斜」という危険性である。自治体行財政改革についてみると，ポピュリスト的首長は，魔女狩り的な減量経営を，遂行しているが，議員報酬・減税措置では，財政再建が，達成されない。河村市長の減税戦略は，その後の行財政改革ビジョンが，欠落しており，財政再建の見通しがたたない。

橋下知事の大阪都構想にしても，二重行政の淘汰・都制方式の効率化で，財源を捻出するとしているが，財政的根拠はなく，粉飾的数値である。

かりに財源が，調達できたとして，広域行政に名を借りた，大型プロジェクトを展開していけば，開発行政失敗の二の舞となる。このような危険な兆候を，見逃すべきでない。

自治体運営における，財政再建は，財源収支でなく，行財政運営のシステムの改革なのである。すなわち減量経営より，市民的政策討議にねざした，政策経営への転換という，発想の転換がなければ，達成は不可能である。

大阪府・大阪市がこれまで，開発プロジェクトで，ムダに遣った財源は，それぞれ1兆円をこえるであろう。この1兆円を，財政調整基金として，積み立てていれば，新産業創造にも，十分対応できたのである。

どうして自治体経営に失敗したかは，首長・議会・官僚が，政策討議を疎かにしたからである。では政策討議を，十分にするには，行政内部の行政評価，地方議会での委員会審議を，十分に尽くし，最終的決定は，住民投票に

ゆだね，再度，政策討議の社会的濾過装置をくぐるという，市民的討議の制度的保障を，拡充するしかない。

大阪都構想にもとづく，広域行政・基盤整備による，地域開発の促進は，開発行政による財政破綻の再現となる危険性がきわめて高いが，この危険な兆候を，阻止する方法は，市民討議しかない。

第1に，「市民討議なき地域経営」の危険性である。首長主導型の首長は，強権的減量経営で，注目を浴びたが，市民討議が十分になされていない。首長が，行政責任を負うから，独断で事業・施策を，決定・実施してよいとはいえない。

それは大阪府・大阪市の公共デベロッパー事業の損失をみても，関係首長はだれも，事業損失の補填をしていない。

公共投資のみでなく，地方制度の改革も同様である。橋下知事は，大阪都構想は，「大阪維新の会」という，政治団体の問題であり，行政の長である，知事の問題ではないとして，議会でも討論を，拒否してきた。

しかし，これは詭弁であり，大阪都が実現すれば，大阪府も大きな影響を受ける。したがって政党内部で，十分にメリット・デメリットを分析し，研究・討論の結果を刊行物として，市販すべきである。

また知事としては，当該自治体の主要・重要施策については，内部の行政評価ですますことなく．施策・事業がもつ，メリットとデメリットを，市民参加の公聴会を開催して，市民討議にかける，事業・施策の実施システムを，制度化すべきである。

固定資産税の縦覧制度にならって，主要施策・プロジェクトは，外部委員会・市民討議の対象とすべきで，市民は公募・任命・任意など，事案におうじて，選別していけばよい。自治体改革とは，市民討議を，行財政プロセスに，組み込むことで，財源収支・事業選別は，二の次の課題である。

橋下知事は，大阪都構想で，大阪市を解体し，特別区に再編成し，市民参加の制度化をめざしている。河村市長は，さらに徹底して，中学校・小学校単位で，地域委員会を設置し，市民討議を充実すると提唱している。ではど

うして大阪都構想・市民税10％減税に，市民討議をベースにした，決定システムの制度化に，努力しないのかである。

第2に，「政策経営感覚なき自治体経営」の危険性である。ポピュリズムの攻撃ターゲットとなったのが，大阪市・阿久根市など，行財政運営であったが，これは大阪府にも，共通する問題である。

1990年代，改革派知事が登場したが，残念ながら微調整にとどまっている。革新自治体にしても，政治改革はしたが，行財政改革は，道なかばで，政治主導権を喪失して，改革から脱落していった。

行財政の再建にしても，首長・官僚・議会といった，行政内部だけの処理では，行財政改革といいながら，皮相的な財政指標の数値操作に終わっている，ケースが少なくない。

一体，自治体財政の財政再建とは何かという，根本的な視点を見失って，減量経営の埋没してしまっては，真の財政再建にならない。

自治体改革のプロセスにおいて，視野狭窄症にならないためには，内部の行政評価方式の適用・関係団体との交渉などがなされたとして，市民討議が，省略されてよいはずはない。

たとえば外郭団体の整理について，各政党が仕分けをし，専門家が委員会で，審議したとしても，市民討論の機会を，設定すべきである。

近年，公務員の天下りが批判となっているが，民間企業の古手役員が，外郭団体に天下りをしており，これでは産官の癒着である。一方，退職公務員は，公務員再雇用制度で，自治体内部で，嘱託などで抱え込んでおり，無駄の制度化である。十分な政策的討議を粗略にし，政治的思惑とか，世論に阿るといった，感性だけの改革を断行しても，自治体財政は復権しない。

常識的誤謬の選択，性急な首長の決断を，回避するためにも，公聴会を充実し，いわゆる深部の行政情報を開示し，パブリック・オピニオンを，広く求めるべきである。大阪府庁の移転にしても，橋下知事の強引な政治力で，実現されており，将来的には禍根を残す選択肢である。

第3に，自治体運営における「政策科学なき自治体経営」の危険性である。

自治体運営における，市民討議の導入という，行財政プロセスの民主化とともに，行財政の政策科学化としては，減量経営（事務事業費削減）より施策経営（事務事業処理方式の選択），施策経営より政策経営（事務事業の選別化）によって，行財政運営の成果を，高めることである。

ポピュリスト的首長の自治体運営の基本は，減量経営であって，政策経営ではない。減量経営では，人件費一律カットの典型的事例にみられるように，人件費は縮小するが，給与システムの矛盾は放置され，むしろ肥大化していくであろう。

なによりも官製ワーキングプアは，行政合理性のあおりで，肥大化しつつある，自治体は，行政改革の名のもとに，社会的格差・矛盾に，目をつぶっていてよいのか。正規職員の人件費削減分を，臨時職員などの給与・労働条件の改善に，充当すべきである。

市民討議・専門家意見のみでなく，自治体内部の現場職員の意見も，汲み上げていくことが，実効的改革には不可欠である。しかし，首長の人事統制が，厳しくなると，封殺されてしまい，観念的・イデオロギー的な改革案が，罷り通ることになる。

自治体経営は，公共経済学にもとづく，政策経営の活用しかない。自治体改革も，その一環として，組み込まれている。

要するに配分のメカニズムの活用である。財政運営において，公共投資・行政サービスをふやせば，地域社会が活性化し，市民生活ニーズをより多く充足できると考えられている。これは減量経営の裏返しの発想である。

全国的には車が，ほとんど通らない，高速道路がすくなくないし，利用者が，まったくない箱物施設は，数多くある。投資戦略を誤った産物である。

これからは生活保護・介護保険・健康保険費を，いくら増額しても，事業収支は改善されないであろう。大阪市の生活保護費は，2,000億円になろうとしている。給付額増額だけでは，対応できない。就業対策・健康対策もふくめた，施策選別的行政を，すすめなければならない。

自治体の行財政運営は，当然，強制経済を前提として，運営されている。

しかし、それだけでは限度があり、地域社会における贈与の経済（愛の経済）を、活用すべきである。

ただ自治体経営は、審議の段階で、市民を排除しておきながら、実施の段階で、市民に負担・協力を求める対応は、ある意味において、巧妙な住民懐柔策であり、行政コストはさがっても、地域民主主義とか社会的公平は、達成されないであろう。

第4に、「不十分な情報公開」の危険性である。自治体運営における、政策化をすすめるには、さらなる情報公開が、求められている。行政情報には基礎情報、運営情報などがあるが、政策情報の開示が、不可欠である。

自治体改革のプロセスについてみると、一般的に行財政問題は、行政内部の密室方式による妥協の行政で、行政運営がなされている。またかりに問題があっても、解決を先に延ばしてきた。要するに自治体の行財政における情報公開は、依然として不十分である。

1つに、基礎情報の開示である。河村市長による抜群の情報発信力によって、議員報酬1,500万円が開示され、市民の憤慨がかきたてられ、河村市長への共感となった。情報公開こそ、改革へのエネルギー源なのである。

しかし、驚くべきことは、この程度の基礎情報の開示すら、市民になされてなかった。竹原前市長のように、議会議員選挙の最中に、全職員の給与を、個別に開示するのは、行き過ぎとしても、情報開示が、不十分であったことは否定できない。

ポピュリスト的首長は、このような自治体運営における、閉鎖性・秘密性を暴露して、選挙民の絶大な支持を、獲得したのである。本来、自治体がこれら基礎情報を、市民に提供し、さらに基礎情報を編集して、政策情報にまで、高める責務がある。

2つに、運営情報の公開である。ポピュリズムは、行財政改革における実績に関係なく、改革の手法によって、マスメディアに、アピールしただけである。卑近な事例が、ソフト・ランディングより、ハード・ランディングを、より好んだ。

財政再建では，緊急避難的には，減量方式も選択肢であるが，政策効果としては，疑問である。財政運営情報を開示して，市民討議をしていけば，財政再建の道筋はみえてくる。
　財政情報にしても，財政指標の開示だけで，人件費・扶助費・公共投資・外郭団体などの運営情報は，議会には提示されているが，自治体刊行物として，市民に提供されていない。
　3つに，政策情報の開示である。当該自治体の争点となっている，事業・施策の関連情報である。橋下知事は，全中学校の学校給食導入をめざして，施設費半額を，補助するとしているが，一体，運営費をふくめると，いくらコストがかかるのか。
　直営方式か委託方式か，給食費の負担額はいくらかなど，多くの問題がある。市町村が財源をどう捻出するのか，障害者福祉費を削減して，流用したのでは，全体の福祉充足度は低下するであろう。
　橋下知事は，反対する首長は，選挙で落選させると，強迫しているが，これではまともな政策論争はできないし，そんな単純な問題でない。内部・外部討議をふまえて，実施するにしても，最適の選択をしなければならない。行政評価・費用効果分析によって，当該施策の根拠を説明し，市民討議にかけ，社会的合意形成を，図っていくことである。
　第4に，「自治体運営システムの変革」である。従来の自治体運営が，余りにもお粗末であった。首長がリーダシップを発揮して，地方自治体の行政目標を明確にし，如何に効果的に達成するか明示するべきである。
　自治体の行政目標は，いうまでもなく，市民福祉である。もし大阪府・市の財政危機について，すべてを情報公開し，科学的に処理していれば，今日のような財政危機にはなっていないであろう。
　ただ首長のリーダシップを，近視的短期的な行財政課題に限定してしまうと，迎合的首長の暴走・専制を許すことになり，市民福祉に貢献する，行財政改革には，到達できないであろう。
　首長のリーダシップは，市民的合意をベースにしているが，選挙の合意

は，包括的信託であり，個別事業の行財政運営は，民主化・科学化によって，裏打ちされながら，推進されるべきである。

　しかし，市民討議が，机上演習ではともかく，実際は円滑に進展するか，疑問とする意見が，多いであろう。しかし，一般公募方式・議会推薦方式・行政委託方式など，さまざまの方式を，選択することができる。

　普遍的方式としては，政党推薦の公聴会方式であるが，折角の公聴会での議論・提案を，行政当局・議会議員が，尊重しないという，行政風土が問題なのである。

　大阪都にしても，具体的情報にもとづき，検討すべきである。ことに財源である。都制にしたから，政府から補助金・交付税が，ふえるわけでない。既存の財源の配分となり，大阪都か特別区が，貧乏くじをひくはずである。

　広域行政と都制方式では，財源は捻出できないことは，すこしの財政分析作業で歴然となってくる。このように政策科学を粗略した，政治的思惑だけの大阪都構想は，その作業の姿勢からみて，期待される有効な創造的破壊となりえないであろう。

2　地方議会改革の核心と構図

　地方議会改革についてみると，開らかれた議会として，市民討議が十分なされる，議会運営システムへの改善が，改革の座標軸である。
　議会改革は，戦略的には，この首長主導型行政を，いかに議会主導型・市民主導型に，再構築していくかで，議員報酬・議員定数の削減なども，このような議会再編成の視点から，決定されるべきである。
　首長型ポピュリズムを増殖させた，要因の1つは，間違いなく地方議会改革の怠慢である。統一地方選挙後も，未完の改革として，全力ですすめなければならない。改革の成果は，議会が市民的討議にふさわしい，議論の場となりうるかどうかである。
　第1に，「議員報酬・定数」は，本来，議会・議員の活動実績に応じて，決定されるべきで，市民感覚では，現状では報酬は半額，定数は，半分で十分と考えられる。近年，報酬カットがつづいている。大阪府は3割，大阪市は2割カット（2年間制限）である。
　福島県矢祭町議会は，1日3万円の日当制にして，歳費を3分の1にへらしている。報酬問題は，首長・議会の対立がある場合，政治的に利用されやすい。これらの改革は，自治体経営における，減量経営化と類似している。しかも「報酬・議員定数削減」が，議会改革のすべてではない。
　地方議員の意識改革である。地方議会は，「根回しと口利き，政務調査費の乱用，視察に名を借りた公費観光」などが，非難されてきた。
　このような現状打破として，「ジャーナリズムは議会改革の問題を『定数削減・報酬削減』の問題に貶めている」（日経・前掲書151頁）と，問題の本質を取り違えていると，反論されている。
　たしかに議会が，行政の無駄を摘発し，政策選択誤謬を質し，財源的に大きなメリットをもたらす，実績があれば，臨時ボーナスを支給しても，不合

理はない。議会の実績からみて，高過ぎる水準にあれば，一度，引き下げ，活動実績をみて，引き上げるのがよい。

　また報酬を政務調査費に振り替え，議員活動をしない議員は，残額を一般会計に返還すればよい。政務調査費は，活動費にふさわしい支出が，なされているよう，内容と透明性を，高めていけばよい。

　ただ議員の報酬が，高いというが，議員サイドが，政治・地域活動の明細費を，すべて公開して，真面目にやれば，決して高くないと，抗弁すべきである。しかし，現実は，首長新党が，市民批判を煽り立て，有無をいわさぬ，議員たたきが，ひろがっていった。

　このような議員たたきは，政治的には，ポピュリズム政治の怖さであり，議員定数・報酬の2・3割カットといった，ちまちま減量化が，改革という名で強行される。

　結果として活動しない議員・活動できない議員が，多くなり，地方議会の地盤沈下がすすむ，首長が暴走し，誤謬の選択で，測り知れない損失を，もたしかねないのである。

　第2に，「議員構成の変革」である。具体的には議員職業化・世襲化の淘汰で，議員への進出門戸をひろげること，議員の責任を重くすることで，幾分は淘汰できる。議員職業化・世襲化が，わるいのでなく，審議しない議会，できない議員が，問題なのである。

　議員を名誉職とか，報酬を生活費の糧とするような，議員を排除するには，議会運営を厳しくしていけばよい。地域政党が，新人を発掘し，選挙で既存政党を，崩したことは，結果として議員の新陳代謝を，促進させた。この功績は，評価しなければならない。

　しかし，議員の顔ぶれが，変わっただけで，議員の責務が，このままでは，すぐに堕落していくであろう。議員は政務調査費で，毎年，行財政分析報告書を提出し，市民との公開審議に付する。議員行動報告書を作成し，議員の政策能力の，審査の洗礼をうけることにすればよい。小学児童でも，宿題がある。報告書をだせない，議員には政務調査費を，削減すればよい。

Ⅲ　地方政治再生と自治体改革

　第3に,「首長対議会の対立」で,劇場型対立として,マスコミで脚光を集めている。「中央集権構造の下で,自治体の制度には首長中心主義的な要素がもともと備わっている。首長が意図的にそれを濫用しようとすれば,相当なことができてしまう」(広瀬克哉「自治体議会の所在」『月刊自治研』2010年10月20頁),「首長中心的な制度の基本を維持したままの現行地方自治制度は,その点で首長の暴走に対してきわめて脆弱な性質を残している」(同前20頁) のである。

　しかし,2000年の地方分権一括法で,機関委任事務は廃止され,議会の審議対象は,飛躍的に拡大され,予算修正権ももつことになった。議会は,もはや「チェック機関」でなく,「政策機関」としても,役割と権能をもったが,議会はこの転換に気づいておらず,依然として,安眠をむさぼっている。

　河村市長の減税案に対抗して,議会は保育所増設案を提示して,小さな政府による財政減量化より,大きな政府による政策選別をめざす,対抗策を提示すべきであった。河村市長の攻勢に,減税を単年度とするのが精一杯で,議会解散に追いこまれ,このような不甲斐ない既成政党が,軒並み敗北したのも,当然ともいえる。

　議会の独立性,すなわち首長からの包摂の予防は,議会機能活性化で,十分に対抗できる。「議会制民主主義を成熟させるには,議会は単なる小さな利害関係人の集まりでなく,広い視野から地域課題に向き合う意識を共有し,自ら政策を提起する『政策議会』に変質しなければならない」(穂坂邦夫,11.3.3, 朝日) といわれている。

　また「議会側も自治体執行部の予算案と対をなす独自の予算案を編成して,首長と政策を競い合うべきだ」(同前) ともいわれている。完璧な予算などはありえないのであり,議員全員が,予算に対する意見書の提出を,義務づけるべきである。

　第4に,「住民対議会の関係」である。議会・議員は,住民の代理者に過ぎない。中央学院大学福嶋教授は「国政は完全な間接民主制なのに対し,自治体は『直接民主制をベースにした間接民主制で,2つを並列させている』

………地方議員は『国会議員と同じような代表性は持たない。限定的な代表者だ，もっとも正確言えば，『市民全体の意思の代行者』」（日経・前掲書153頁）に過ぎないとみなしている。

　しかし，議員は，自分たちが，住民の代表者と勘違いしている。そのため「参加型と代表制の関係については，首長側の取り組みに対して議会側の取り組みの遅れが目立つ」（広瀬克哉「自治体議会の所在」『月刊自治研』2010年10月号，21頁）といわれている。

　首長サイドは，総合基本計画策定などの機会を利用して，市民サイドの意見の吸収に，努めいているが，議会は羨望のまなざしで，傍観しているだけである。

　これでは市民は議会・議員の活動にふれる機会もなく，当然，議会への評価も低く，定数・報酬削減が，市民的な共感を，呼ぶのも当然である。

　考えてみれば，首長と議員の給与は，ほとんど差がなく，政務調査費もある。人数は首長の数十倍もあるのに，議員の市民への情報提供が，圧倒的に劣勢なのは，政務調査費の使途が，間違っているとしか考えられない。

　市民の請願について，委員会での市民の意見陳述をみとめ，重要案件について，議会主催で公聴会を開催し，条例制定請求などは，議会で審議し，必ず諮問的住民投票に付するよう，議会基本条例で，手続きをきめておくことである。

　議会活動を市民討議に重点をおき，議員も市民への情報提供，地域社会の課題を，市民討議にのせるなど，活動を市民討議へ，スライドさせていくことは，もっとも有効な集票機能の強化につながるはずである。

3　市民主権と住民投票の再生

　行政改革・議会改革・選挙改革で,いかに市民討議を重視しても,決着がつかない問題は,住民投票に付するのが,最適な決定方式である。従来,団体自治のみが強調され,住民自治は,地方自治法制定以来そのままであり,むしろ制定後は,制限さえ行われてきた。制度的には住民自治は,形骸化・空洞化がすすんだ。
　今後,自治体改革を成功させ,地域民主主義を活性させる,不可欠の要素は,市民的討議をベースにした,住民投票である。それによって自治体改革も,はじめて地域民主性と,政策科学性をもつことができる。
　政府でも,住民投票の法制化を考えており,地方自治法改正で,実現の予定であるが,「諮問的住民投票」(advisory referendum) で,「拘束的住民投票」の導入ではない。「日常的な問題ではなく,自治体が基本構造を選択する場合や市町村合併を決める場合など重大なテーマに限定されるが,導入されれば住民自治を充実させる上で画期的な改革となる」(日経・前掲書167頁) と,評価されている。
　住民投票制をどう考えるかについて,間接民主主義基本説,間接・直接民主主義並存説,直接民主主義基本説で,住民投票への対応も,落差がみられる。その争点は,住民投票は誤った決定をするので,慎重にさらには抑制すべきだとする否定論と,住民投票は,地方政治・地方行政の民主化・科学化に不可欠,とする肯定論の対立である。
　否定論は,間接民主制が,これまで重大な選択ミスをしてきたことを,棚上げている。行政機関は,市民の反対を押し切って,大型プロジェクトを実施し,巨額の財政赤字をだして,今日の財政危機の元凶となった。
　また住民運動は,安易な原子力発電所建設に,各地方で反対の住民投票が行われ,地域社会の安全を守っていった。政府は当然,このような住民の民

主的成果に報いるため，住民投票を法制化しておくべきであったが，今日でも制定されていない。

またおなじ誤りなら，市民の誤りは，そこから多くを学ぶが，首長・議会の誤りは，許されざる行為として，行政不信が募るだけで，行政にとっては，大きなマイナスである。

第1に，住民自治と団体自治の関係をみてみる。住民自治は，代表制民主主義を，補完するものでない。09年の民主党衆議院選の「政策集」では，「住民投票は住民の意思を確認するために非常に重要な手段であり，適切に利用すれば代議制民主主義を補完して住民の意思を政治に反映する有効な手段となります」としているが，国民主権の原則からみて，おかしい評価である。

しかも「住民投票法」の制定はなされていないし，肝心のレファレンダム方式ではない。ただ現行法でも，市町村合併特例法改正（2010年4月施行）は，変則的レファレンダム方式をとりいれている。

このような規定でも，「住民代表機関としての議会が蚊帳の外どころか，住民自治の障害として位置づけられ，障害物である議会の迂回を目指した政策過程を創りだす可能性がある」（江藤・前掲書24頁）と批判されている。しかし，議会は十分な政策を討議していなかった。住民投票は，必然的に討議・情報公開を活性化させる。

しかし，「選挙においてある住民が候補者・政党に投票しても，すべての政策に賛同していない場合が多い。そもそも選挙時に争点にならなかったものが，その後重要な争点として浮上する場合もある」（同前27頁）ので，住民投票の導入は，避けられない。しかも議会のように解決ということはない。住民投票は次の選挙まで，事業を中断させ討議する効用がある。

さらに住民は，自らの生活の根幹に関する事項は，議会では決定すべきでないのが，市民主権の原則といえる。片山善博氏は「一定の要件を満たしたら，最終的な判断を議会に委ねるのでなく，住民投票で決めるようにしたほうがよい」（増田寛也『地域主権』43頁）との意見である。

第2に，現行の直接市民参加制度の不備である。地方自治法のリコール制

は，首長解職・議会解散にしても，市民の政策的判断を問うものでない。むしろレファレンダムの代替手段として，多用されており，リコール合戦に発展し，無用の政治混乱をきたしている。

　直接請求・住民訴訟制度は，財務処理の事後監査であり，政治的アピールをねらった，監査請求・住民訴訟も多く，監査委員・司法判決が，必ずしも妥当な判断をくだす保証はなく，住民・行政サイドの双方にって，無用の負担となっている。

　住民サイドにおいて，行政情報の不足という，決定的なハンディがある。さらにプロジェクトの差止請求などは，臼杵判決（大分地裁昭和46・10・14）などの例外的ケース以外は，きわめて困難である。

　市民主権の視点からは，「政策の妥当性を争う権利を住民が有しなければ，市民参加も有名無実になってしまう。それは大型プロジェクトが動きだして後に，事業の中止・廃止は収拾のつかない混乱と測り難い損失が発生する」（高寄昇三『市民自治と直接民主制』51・52頁）のである。

　したがって地方自治法より，広汎な住民投票が必要である。自治体サイドでは，すでに条例化がすすんでおり，1996年新潟県巻町（現新潟市）の原子力発電所，沖縄県名護市の米軍基地，岐阜県御嵩町の産業廃棄物処分場などが揚げられる。最近では市町村合併・公共施設などが，対象となっている。

　第3に，住民投票にもとづく，決定の適正性である。住民投票の欠陥として，「住民が直感に頼ること………住民が矛盾した提案とその量の拡大，扇動などによる特殊利害の支配………感情に流されやすい，あるいは視野に限界がある」（江藤・前掲書Ⅰ27頁）と欠点が指摘されている。また「実際の住民投票は誤解や感情に左右される場合も多い」（江藤俊昭『自治を担う議会改革』63頁，以下，江藤・前掲書Ⅱ），ともいわれている。

　さらに「首長主導型による住民投票の実践は，地域民主主義にとって重要な討議を軽視することになる」（江藤・前掲書27頁）と，危惧されている。しかし，現行の制度でも議会が，首長に支配されていれば，容易に提案は，議決されるが，住民投票を設置しておれば，首長はさらに住民投票の洗礼とい

う，ハードルをこえなければならない。

　従来，大規模な公共投資・公共サービス創設のみでなく，庁舎の移転・議員報酬・職員給与など，すべてをふくめて，市民を蚊帳の外で決定し，すすめられてきた。議会の審議より，市民討議ぬきの市民不在の決定システム・ルールこそが，問題とされるべきである。

　住民投票は，首長・議員選挙とことなり，政策課題が，単一争点であるため，情報公開・市民討議が，議会ベースより，徹底して行われ，施策の問題点も，より検討される。

　十分な情報提供と，十分な討議をするルールが，議会運営・住民投票手続きのなかに，組み込まれた，保障装置があれば，強権的首長といえども，曖昧なビジョン・分析だけで，住民を操作し，合意をえることは，不可能となる。

　公費で賛成派・反対派の意見を，全地元紙に見開き掲載を義務づけ，反対派・賛成派で，同数の委員会を設置し，論点をまめる作業をすることである。

　市民主権からみて，直接民主主義基本説でなければならないが，ただ運用上も問題が多くあり，しかもレファレンダム方式の政治経験は，乏しい。したがって諮問的住民投票からスタートし，次第にレファレンダム性を，拡充していくのが，妥当な対応である。

　また住民投票の対象を，基本的には制限すべきでない。しかし，諮問的住民投票であれば問題は少ない。列挙事項からスタートして，順次，対象をひろげてりおいくのが，適切な対応である。具体的は市町村合併・公共施設建設（固定資産税の1割以上の事業）・地方税増税減税などである。

　第4に，住民投票の運営は，十分な公開討議を義務づけ，討議された民意が，反映されるシステムが，不可欠の前提条件となる。

　住民投票は，地域民主主義をささえるシステムであり，「住民主導の政治が地域政治である。このことを再認識すれば，住民投票の活性化は議会の権威の失墜にはならない」（江藤・前掲書Ⅱ63頁）のである。

　これまでの諮問的住民投票の多くは，議会が十分な討議もせず，首長に追

随するだけの,議会であったので,折角の住民請求も,議会で否決され,反故にされてきた。もし議会が首長主導型首長の提案に,議会討論を十分つくし,住民投票にかければ,首長の暴走を阻止する,可能性は小さくない。

市民も,「お任せ民主主義」では,政治関心もおこらず,政治判断を養う機会すらない。このような状況で,地域民主主義が,成長するはずがない。ポピュリズム的首長の暴走を,阻止する最高の戦略・戦術は,住民投票であるといえる。

全国的に市町村合併・原子力発電所などで,住民投票が行われてきたが,大阪都に関係する住民投票も,2・3年後には,おそらく実施されるであろう。しかし,町村合併よりはるかに複雑で,難解な課題である。さらに政治問題化した都構想が,市民討議をベースにした,政策科学的な審議がなされる,制度的保障はない。

問題点は,第1の課題は,大阪都の審議システムの問題である。政治的多数派の賛成・促進派が,どこまで政治的中立性を遵守して,都構想を討議し,原案をまとめることができるかである。

第1に,賛成派が多い議会で,十分な審議がなされるには,特別委員会を公開制にして,反対派の意見が十分に展開できる,運営がなされなければならない。当然,マスコミは,その状況を,つぶさに報道しなければならない。

第2に,議会審議だけでなく,議会が主催する公聴会で,賛成・反対派の意見陳述がなされるべきである。行政改革として討議する議会・開かれた議会が,提唱されているが,各政党が,委員会情報を市民に提供して,問題点をつめていくことが,大切である。

第3に,住民投票は,住民が判断するといっても,可能最大限の情報公開がなされ,十分なる市民討議なされたかで,結果は大きく左右される。

ことに重要なことは,マスメディアが,不勉強のままで,官庁情報を当初から信用し,流さないことである。政治的責任を問うことはできないが,世論を誤導した,社会的責任は免れないであろう。

第2の課題は,投票に付される大阪都の内容である。制度にはメリット・

デメリットが必ず存在する。メリットのみでなく，デメリットも，十分に討議の対象とされるべきである。

　第1に，大阪都の制度は，いくら審議しても，東京都制と同様である。都市行政と市町村監督行政という，変則都制をどう審議するかである。東京都・特別区の綿密な事態調査が不可欠である。

　第2に，二重行政解消が，都制の最大のメリットとされ，7,000億円とされている。卑近な事例として，現在の隣接してある，府・市浄水場が，都制になれば解消するとしている。しかし，配水量が減少しない限り，事業コストは，減少しない。

　二重行政の多くが，この種の発想で宣伝され，マスコミも盛んに同調している。大阪市大と大阪府大が二重行政といわれるが，都制になり，いずれかが廃止されれば，行政コストは減少するが，公共サービスも減少するので，二重行政廃止の効果とはいえない。

　大阪府・市での，青少年行政は，都制になれば，二重行政はなくなる。もっとも大阪府と大阪市は，行政の方針，行政の視点，実施の方法がことなるので，必ずしも二重行政とはいえない。今度は都・特別区で発生する。日本の行政のワンセット主義からで，必ず二重行政となる。大阪府・市の関係だけでなく，特別区の行政費も算入しなければならない。

　第3に，広域行政のメリットは，誤った先入観が，ひろがっている。関西空港連絡道路（事業4,000億円）は，府市共同で建設しても，都単独で建設しても，建設コストはおなじである。しかも短縮時間10分前後で，この効果で大阪経済が復興できるはずがない。

　大阪都構想は，指揮官を1人にして，広域行政で基盤整備をすすめれば，大阪経済は復権し，世界に伍する都市になると，夢を託している。このような幼稚なビジョンについても，政策科学にもとづいて，実証的に分析がなされるべきである。

　第4に，権限・財源・事務を，都・区でどう配分するかである。ことに財源は，現行制度で固定されており，増加しない。どう配分するか，都・区い

ずれかが，貧乏くじを引かざるをえない。

　公選区長になれば，区民をむいて行政をするが，官僚の行政区区長では，大阪市の方をむいて行政をしていると，批判している。しかし，特別区になり，区民の方をむいて行政をするにしても，権限・財源・事業がなければ，区民に期待される行政はできない。結局，都知事へ毎日，陳情をすることになる。観念論でなく，特別区の実態分析にもとづく，大阪都のもとで特別区の行財政実態の分析も不可欠である。

　今後，大阪都構想をめぐる問題は，住民投票へむけた，公正な審議・データが，住民に提供できるかであり，従来のようなおよその方向では，すまないのではないか。大阪都構想は，政治対立では，「大阪維新の会」の圧勝におわり，住民投票へむけた第2段階に入ったといえる。

参考文献

高寄昇三『市民自治と直接民主制』(公人の友社 1996)

今井一『住民投票』(岩波書店 2000)

森田朗・村上順『住民投票が開く自治』(公人社 2003)

松下圭一『シビル・ミニマム再考』(公人の友社 2003)

四日市大学地域政策研究所『ローカル・マニフェスト』(イマジン出版 2003)

江藤俊昭『自治を担う議会改革』(イマジン出版 2007)

松沢成文『実践マニフェスト改革』(東信社 2008)

山口二郎『ポピュリズムへの反撃』(角川書店 2010)

竹原信一『独裁者・グロブ市長の革命』(扶桑社 2010)

高寄昇三『大阪市構想と橋下政治の検証』(公人の友社 2010)

高寄昇三『虚構・大阪都構想への反論』(公人の友社 2010)

日経グローガル編『地方議会改革の実像』(日本経済新聞出版社 2011)

高寄昇三『大阪市存続・大阪都粉砕の戦略』(公人の友社 2011)

大阪自治体問題研究所編『「大阪維新」改革を問う』(せせらぎ出版 2011)

河村たかし『名古屋市発どえりゃあ改革!』(KKベストセラーズ 2011)

出井康博『首長たちの反乱』(飛鳥新社 2011)

(社) 大阪自治体問題研究所『「大阪都構想」を越えて』(公人の友社 2011)

江藤俊昭『地方議会改革』(学陽書房 2011)

[著者略歴]
1934年　神戸市に生まれる。
1959年　京都大学法学部卒業。
1960年　神戸市役所にはいる。
1975年　「地方自治の財政学」にて「藤田賞」受賞。
1979年　「地方自治の経営」にて「経営科学文献賞」受賞。
1985年　神戸市退職。甲南大学教授。
2003年　姫路獨協大学教授。
2007年　退職。

[著書]
『市民自治と直接民主制』、『地方分権と補助金改革』『交付税の解体と再編成』、『自治体企業会計導入の戦略』、『自治体人件費の解剖』、『大正地方財政史上・下巻』、『昭和地方財政史第1巻』『政令指定都市がめざすもの』『大阪都構想と橋下政治の検証』『虚構・大阪都構想への反論』『大阪市存続・大阪都粉砕の戦略』（以上、公人の友社）、『阪神大震災と自治体の対応』、『自治体の行政評価システム』、『地方自治の政策経営』、『自治体の行政評価導入の実際』、『自治体財政破綻か再生か』（以上、学陽書房）、『現代イギリスの地方財政』、『地方分権と大都市』、『現代イギリスの地方自治』、『新地方自治の行政学』、『新・地方自治の財政学』、『明治地方財政史・Ⅰ～Ⅴ』（以上、勁草書房）、『高齢化社会と地方自治体』（日本評論社）、その他多数。

地方自治ジャーナルブックレット No56
翼賛議会型政治・地方民主主義への脅威
―地域政党と地方マニフェスト―

2011年6月15日　初版発行　　定価（本体1,200円+税）

　　　著　者　　高寄　昇三
　　　発行人　　武内　英晴
　　　発行所　　公人の友社
　　　　〒112-0002　東京都文京区小石川5-26-8
　　　　TEL 03-3811-5701　FAX 03-3811-5795
　　　　Eメール　info@koujinnotomo.com
　　　　http://www.koujinnotomo.com

大正地方財政史・上下巻

高寄昇三（甲南大学名誉教授）　Ａ５判・上282頁、下222頁　各定価5,250円
（上）ISBN978-4-87555-530-8 C3030　（下）ISBN978-4-87555-530-8 C3030

大正期の地方財政は、大正デモクラシーのうねりに呼応して、中央統制の厚い壁を打ち崩す。義務教育費国庫負担制の創設、地方税制限法の大幅緩和、政府資金の地方還元など、地方財源・資金の獲得に成功する。しかし、地租委譲の挫折、土地増価税の失敗、大蔵省預金部改革の空転など、多くが未完の改革として、残された。政党政治のもとで、大正期の地方自治体は、どう地域開発、都市計画、社会事業に対応していったか、また、関東大震災復興は、地方財政からみてどう評価すべきかを論及する。

（上巻）1 大正デモクラシーと地方財政　2 地方税改革と税源委譲　3 教育国庫負担金と町村財政救済　4 地方債資金と地方還元
（下巻）1 地方財政運営と改革課題　2 府県町村財政と地域再生　3 都市財政運用と政策課題

昭和地方財政史　第一巻
地域格差と両税委譲　分与税と財政調整

高寄昇三（甲南大学名誉教授）　Ａ５判・394頁、定価5,250円　ISBN978-4-87555-570-4 C3033

本書は、昭和15年の地方財政改革の効果を分析して、集権・分権のいずれが、地方財政改革における、適正な政策的対応であったかを、検証する。
　第1章　地方財政と地域格差
　　1 経済変動と地方財政構造、2 地方税改革と負担不均衡
　第2章　地方税改革と税源委譲
　　1 両税委譲と馬場地方税改革、2 昭和15年改革と地方税体系
　第3章　地方財政改革と財政調整制度
　　1 国庫補助金と財政補給金、2 地方分与税と小学校費府県化
　第4章　昭和15年改革の総括評価
　　1 財源調整・保障効果の分析、2 地方財政再編成の政策検証

総括・介護保険の10年　〜2012年改正の論点〜

編者　鏡　諭　著者　介護保険原点の会　　Ａ５判・200頁　定価2,310円
ISBN978-4-87555-566-7 C3030

　介護保険創設に関わった厚生省・自治体職員の研究会「介護保険原点の会」メンバーが、介護保険の10年を総括し、この後やって来る2012年改正に向けた課題・論点の整理を行おうという企画から生まれた貴重な記録です。
　自治体・国の担当者はもちろん、介護事業者・職員、研究者など介護保険に関わるすべての人の必読書です。

第1部　介護保険原点の会・合宿
第2部　討論 2012年改正に向けて　政策課題と論点
第3部　復命記録に見る介護保険の政策論点

「自治体憲法」創出の地平と課題
―上越市における自治基本条例の制定事例を中心に―

石平春彦(新潟県・上越市議会議員)　A5判・208頁　定価2,100円
ISBN978-4-87555-542-1 C3030

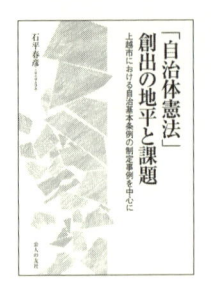

「上越市基本条例」の制定過程で、何が問題になりそれをどのように解決してきたのか。ひとつひとつの課題を丁寧に整理し記録。
現在「自治基本条例」制定に取り組んでいる方々はもちろん、これから取り組もうとしている方々のための必読・必携の書。

　　はじめに
　Ⅰ　全国の自治基本条例制定の動向
　Ⅱ　上越市における自治基本条例の制定過程
　Ⅲ　上越市における前史＝先行制度導入の取組
　Ⅳ　上越市自治基本条例の理念と特徴
　Ⅴ　市民自治のさらなる深化と拡充に向けて

自治体政府の福祉政策

加藤　良重著　A5判・238頁　定価2,625円　ISBN978-4-87555-541-4 C3030

　本書では、政府としての自治体（自治体政府）の位置・役割を確認し、福祉をめぐる環境の変化を整理し、政策・計画と法務・財務の意義をあきらかにして、自治体とくに基礎自治体の福祉政策・制度とこれに関連する国の政策・制度についてできるかぎり解りやすくのべ、問題点・課題の指摘と改革の提起もおこなった。

第1章　自治体政府と福祉環境の変化　第2章　自治体計画と福祉政策
　　　第3章　高齢者福祉政策　第4章　子ども家庭福祉政策
　　　第5章　障害者福祉政策　第6章　生活困窮者福祉政策
　　　第7章　保健医療政策　第8章　福祉の担い手
　　　第9章　福祉教育と福祉文化　＜資料編＞

自治体理論の実践　―北海道土曜講座の十六年―

森　啓／川村喜芳編著　A5判・172頁　定価1,680円　ISBN978-4-87555-582-7 C0020

　2000年代の自治体改革には、各自治体の内部推力として、………小研究会を群生させることが緊急かつ不可欠です。
　小研究会での活力こそが、個々の自治体における内部からの改革への活力となるはずです。
（松下論文より）

　Ⅰ　土曜講座を顧みて
　　2000年代の自治体改革にむけて ……………… 松下　圭一
　　自治体学の実践論理 ……………………………… 森　　啓
　　地方自治土曜講座、十六年の歩み ……………… 川村　喜芳
　Ⅱ　「北海道地方自治土曜講座」とわたし
　　資料　地方自治土曜講座　十六年の記録・テーマ、講師一覧・地域土曜講座
　　　　の記録・歴代実行委員・スタッフ一覧

自律自治体の形成 すべては財政危機との闘いからはじまった

西寺雅也（前・岐阜県多治見市長）　四六判・282頁　定価2,730円
ISBN978-4-87555-530-8 C3030

多治見市が作り上げたシステムは、おそらく完結性という点からいえば他に類のないシステムである、と自負している。そのシステムの全貌をこの本から読み取っていただければ、幸いである。
（「あとがき」より）

Ⅰ　すべては財政危機との闘いからはじまった
Ⅱ　市政改革の土台としての情報公開・市民参加・政策開発
Ⅲ　総合計画（政策）主導による行政経営
Ⅳ　行政改革から「行政の改革」へ
Ⅴ　人事制度改革
Ⅵ　市政基本条例
終章　自立・自律した地方政府をめざして
資料・多治見市市政基本条例

フィンランドを世界一に導いた100の社会政策
フィンランドのソーシャル・イノベーション

イルッカ・タイパレ - 編著　山田眞知子 - 訳者
A5判・306頁　定価2,940円　ISBN978-4-87555-531-5 C3030

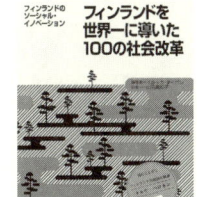

フィンランドの強い競争力と高い生活水準は、個人の努力と自己開発を動機づけ、同時に公的な支援も提供する、北欧型福祉社会に基づいています。民主主義、人権に対する敬意、憲法国家の原則と優れた政治が社会の堅固な基盤です。
‥‥この本の100余りの論文は、多様でかつ興味深いソーシャルイノベーションを紹介しています。‥フィンランド社会とそのあり方を照らし出しているので、私は、読者の方がこの本から、どこにおいても応用できるようなアイディアを見つけられると信じます。
（刊行によせて - フィンランド共和国大統領　タルヤ・ハロネン）

公共経営入門 ―公共領域のマネジメントとガバナンス

トニー・ボベール／エルク・ラフラー - 編著　みえガバナンス研究会 - 翻訳
A5判・250頁　定価2,625円　ISBN978-4-87555-533-9 C3030

本書は、大きく3部で構成されている。まず第1部では、NPMといわれる第一世代の行革から、多様な主体のネットワークによるガバナンスまで、行政改革の国際的な潮流について概観している。第2部では、行政分野のマネジメントについて考察している。‥‥‥‥‥本書では、行政と企業との違いを踏まえた上で、民間企業で発展した戦略経営やマーケティングをどう行政経営に応用したらよいのかを述べている。第3部では、最近盛んになった公共領域についてのガバナンス論についてくわしく解説した上で、ガバナンスを重視する立場からは地域社会や市民とどう関わっていったらよいのかなどについて述べている。
（「訳者まえがき」より）

自治体再構築

松下圭一（法政大学名誉教授）　定価 2,800 円

- 官治・集権から自治・分権への転型期にたつ日本は、政治・経済・文化そして軍事の分権化・国際化という今日の普遍課題を解決しないかぎり、閉鎖性をもった中進国状況のまま、財政破綻、さらに「高齢化」「人口減」とあいまって、自治・分権を成熟させる開放型の先進国状況に飛躍できず、衰退していくであろう。
- この転型期における「自治体改革」としての〈自治体再構築〉をめぐる 2000 年～2004 年までの講演ブックレットの総集版。

1　自治体再構築の市民戦略
2　市民文化と自治体の文化戦略
3　シビル・ミニマム再考
4　分権段階の自治体計画づくり
5　転型期自治体の発想と手法

社会教育の終焉 ［新版］

松下圭一（法政大学名誉教授）　定価 2,625 円

- 86年の出版時に社会教育関係者に厳しい衝撃を与えた幻の名著の復刻・新版。
- 日本の市民には、〈市民自治〉を起点に分権化・国際化をめぐり、政治・行政、経済・財政ついで文化・理論を官治・集権型から自治・分権型への再構築をなしえるか、が今日あらためて問われている。

序章　日本型教育発想
Ⅰ　公民館をどう考えるか
Ⅱ　社会教育行政の位置
Ⅲ　社会教育行政の問題性
Ⅳ　自由な市民文化活動
終章　市民文化の形成　　あとがき　　新版付記

増補 自治・議会基本条例論　自治体運営の先端を拓く

神原　勝（北海学園大学教授・北海道大学名誉教授）　定価 2,625 円

生ける基本条例で「自律自治体」を創る。その理論と方法を詳細に説き明かす。7年の試行を経て、いま自治体基本条例は第2ステージに進化。めざす理想型、総合自治基本条例＝基本条例＋関連条例

プロローグ
Ⅰ　自治の経験と基本条例の展望
Ⅱ　自治基本条例の理論と方法
Ⅲ　議会基本条例の意義と展望
エピローグ
条例集
　1　ニセコ町まちづくり基本条例
　2　多治見市市政基本条例
　3　栗山町議会基本条例

No.74 分権は市民への権限委譲 上原公子 1,000円

No.75 今、なぜ合併か 瀬戸亀男 800円

No.76 市町村合併をめぐる状況分析 小西砂千夫 800円

No.78 ポスト公共事業社会と自治体政策 五十嵐敬喜 800円

No.80 自治体人事政策の改革 森啓 800円

No.82 地域通貨と地域自治 西部忠 900円

No.83 北海道経済の戦略と戦術 宮脇淳 800円

No.84 地域おこしを考える視点 矢作弘 700円

No.87 北海道行政基本条例論 神原勝 1,100円

No.90 「協働」の思想と体制 森啓 800円

No.91 協働のまちづくり 三鷹市の様々な取組みから 秋元政三 700円

No.92 シビル・ミニマム再考 ベンチマークとマニフェスト 松下圭一 900円

No.93 市町村合併の財政論 高木健二 800円

No.95 市町村行政改革の方向性 ～ガバナンスとNPMのあいだ 佐藤克廣 800円

No.96 創造都市と日本社会の再生 佐々木雅幸 800円

No.97 地方政治の活性化と地域政策 山口二郎 800円

No.98 多治見市の政策策定と政策実行 西寺雅也 800円

No.99 自治体の政策形成力 森啓 700円

No.100 自治体再構築の市民戦略 松下圭一 900円

No.101 コミュニティビジネスと建設帰農 松本懿・佐藤吉彦・橋場利夫・飯野政一・神原勝 1,000円

No.102 道州制の論点と北海道 佐藤克廣 1,000円

No.103 自治体基本条例の理論と方法 神原勝 1,100円

No.104 働き方で地域を変える ～フィンランド福祉国家の取り組み 山田眞知子 800円

No.107 公共をめぐる攻防 ～市民的公共性を考える 樽見弘紀 600円

No.108 三位一体改革と自治体財政 岡本全勝・山本邦彦・北良治・逢坂誠二・川村喜芳 1,000円

No.109 連合自治の可能性を求めて サマーセミナーin奈井江 松岡市郎・堀則文・三本英司・佐藤克廣・砂川敏文・北良治 他 1,000円

No.110 「市町村合併」の次は「道州制」か 高橋彦芳・北良治・脇紀美夫・碓井直樹・森啓 1,000円

No.111 維持可能な社会と自治 ～『公害』から『地球環境』へ 宮本憲一 900円

No.112 「小さな政府」論とはなにか 牧野富夫 700円

No.113 栗山町発・議会基本条例 橋場利勝・神原勝 1,200円

No.114 北海道の先進事例に学ぶ 宮谷内留雄・安斎保・見野全・佐藤克廣・神原勝 1,000円

No.115 地方分権改革のみちすじ ―自由度の拡大と所掌事務の拡大― 西尾勝 1,200円

No.116 転換期における日本社会の可能性 ―維持可能な内発的発展― 宮本憲一 1,000円

地方自治土曜講座ブックレット

No.2 自治体の政策研究
森啓 600円

No.4 構造改革時代の手続的公正と第2次分権改革 手続的公正の心理学から
鈴木庸夫 1,000円

No.5 自治基本条例はなぜ必要か
辻山幸宣 1,000円

No.6 自治のかたち条例のすがた
天野巡一 1,100円

No.7 自治体再構築における政策法務の構造と考え方
今井照 1,100円

No.8 持続可能な地域社会のデザイン
植田和弘 1,000円

No.9 行政組織と職員の将来像
加藤良重 1,000円

No.10 政策財務の考え方
竹下譲 1,000円

市場化テストをいかに導入するべきか 〜市民と行政
No.11 市場と向き合う自治体
小西砂千夫・稲沢克祐 1,000円

No.22 地方分権推進委員会勧告とこれからの地方自治
西尾勝 500円

No.34 政策立案過程への「戦略計画」
篠原一 1,000円

No.42 法務
加藤良重 400円

No.43 自治と分権の政治学
山田孝夫 900円

No.44 公共政策と住民参加
鳴海正泰 1,100円

No.45 農業を基軸としたまちづくり
宮本憲一 1,100円

No.46 これからの北海道農業とまちづくり
小林康雄 800円

No.47 自治の中に自治を求めて
篠田久雄 800円

No.48 介護保険は何を変えるのか
佐藤守 1,000円

No.49 介護保険と広域連合
池田省三 1,100円

No.50 自治体職員の政策水準
大西幸雄 1,000円

森啓 1,100円

No.51 分権型社会と条例づくり
佐藤克廣 1,000円

No.52 少子高齢社会と自治体の福祉
篠原一 1,000円

No.53 自治体における政策評価の課題
佐藤克廣 1,000円

No.54 小さな町の議員と自治体
室崎正之 900円

No.56 改正地方自治法とアカウンタビリティ
鈴木庸夫 1,200円

No.59 財政運営と公会計制度
宮脇淳 1,100円

No.60 環境自治体とISO
畠山武道 700円

No.61 転型期自治体の発想と手法
松下圭一 900円

No.62 分権の可能性 スコットランドと北海道
山口二郎 600円

機能重視型政策の分析過程と財務情報
宮脇淳 800円

No.63 自治体の広域連携
佐藤克廣 900円

No.64 分権型社会における地域経営
見野全 700円

No.65 町村合併は住民自治の区域の変更である。
森啓 800円

No.66 自治体学のすすめ
田村明 900円

No.67 市民・行政・議会のパートナーシップを目指して
松山哲男 700円

No.69 新地方自治法と自治体の自立
井川博 900円

No.70 分権型社会の地方財政
神野直彦 1,000円

No.71 自然と共生した町づくり 宮崎県・綾町
森山喜代香 700円

No.72 情報共有と自治体改革 ニセコ町からの報告
片山健也 1,000円

No.73 地域民主主義の活性化と自治体改革
山口二郎 600円

No.2 公共政策教育と認証評価システム —日米の現状と課題—
坂本勝 編著 1,100円

No.3 暮らしに根ざした心地良いまち
野呂昭彦・逢坂誠二・関原剛・吉本哲郎・白石克孝・堀尾正靱
1,100円

No.4 持続可能な都市自治体づくりのためのガイドブック
「オルボー憲章」「オルボー誓約」翻訳所収
1,100円

No.5 英国における地域戦略パートナーシップの挑戦
白石克彦編・的場信敬監訳 900円

No.6 マーケットと地域をつなぐパートナーシップ
—英国コンパクトにみる連帯のしくみ
白石克彦編・園田正彦著 1,000円

No.7 政府・地方自治体と市民社会の戦略的連携
—英国コンパクトにみる先駆性的場信敬編著 1,000円

No.8 財政縮小時代の人材戦略 多治見モデル
大矢野修編著 1,400円

No.10 行政学修士教育と人材育成
—米中の現状と課題—
坂本勝著 1,100円

No.11 アメリカ公共政策大学院の認証評価システムと評価基準
—NASPAAのアクレディテーションの検証を通して—
早田幸政 1,200円

シリーズ「生存科学」
(東京農工大学学生存科学研究拠点 企画・編集)

No.2 再生可能エネルギーで地域がかがやく
—地産地消型エネルギー技術—
秋澤淳・長坂研・堀尾正靱・小林久
1,100円

No.3 小水力発電を地域の力で
(独)科学技術振興機構 社会技術研究開発センター「地域に根ざした脱温暖化環境共生社会」研究領域 地域分散電源等導入タスクフォース
1,200円

No.4 地域の生存と社会的企業
—イギリスと日本との比較をとおして—
柏雅之・白石克孝・重藤さわ子
1,200円

No.5 地域の生存と農業知財
澁澤栄・福井隆・正林真之
首都大学東京・都市政策コース
1,000円

No.6 風の人・土の人
—地域の生存とNPO—
千賀裕太郎・白石克孝・柏雅之・福井隆・飯島博・曽根原久司・関原剛
1,400円

No.7 地域からエネルギーを引き出せ！
PEGASUS ハンドブック
(環境エネルギー設計ツール)
堀尾正靱・白石克孝・重藤さわ子・定松功・土山希美枝
1,400円

都市政策フォーラム
ブックレット
(首都大学東京・都市教養学部 都市政策コース 企画)

No.1 「新しい公共」と新たな支え合いの創造へ —多摩市の挑戦—
首都大学東京・都市政策コース
900円

No.2 景観形成とまちづくり
—「国立市」を事例として—
首都大学東京・都市政策コース
1,000円

No.3 都市の活性化とまちづくり
—「制度設計から現場まで」—
首都大学東京・都市政策コース
1,000円

北海道自治研
ブックレット

No.1 市民・自治体・政治
再論・人間型としての市民
松下圭一 1,200円

No.2 議会基本条例の展開
その後の栗山町議会を検証する
橋場利勝・中尾修・神原勝
1,200円

No.3 福島町の議会改革
開かれた議会づくりの集大成議会基本条例
溝部幸基・石堂一志・中尾修・神原勝

TAJIMI CITY
ブックレット

No.2 転型期の自治体計画づくり
松下圭一 1,000円

No.3 これからの行政活動と財政
西尾勝 1,000円

No.42 《改訂版》自治体破たん・「夕張ショック」の本質
橋本行史 1,200円

No.43 分権改革と政治改革 〜自分史として
西尾勝 1,200円

No.44 自治体人材育成の着眼点
浦野秀一・井澤壽美子・野田邦弘・西村浩・三関浩司・杉谷知也・坂口正治・田中富雄 1,200円

No.45 障害年金と人権 ―代替的紛争解決制度と大学・専門集団の役割―
橋本宏子・森田明・湯浅和恵・池原毅和・青木久馬・澤静子・佐々木久美子 1,400円

No.46 地方財政健全化法で財政破綻は阻止できるか ―夕張・篠山市の財政運営責任を追及する
高寄昇三 1,400円

No.47 地方政府と政策法務
加藤良重 1,200円

No.48 政策財務と地方政府 ―市民・自治体職員のための基本テキスト
加藤良重 1,400円

No.49 政令指定都市がめざすもの
高寄昇三 1,400円

No.50 良心的裁判員拒否と責任ある参加 〜市民社会の中の裁判員制度〜
大城聡 1,000円

No.51 討議する議会 〜自治のための議会学の構築をめざして〜
江藤俊昭 1,200円

No.52 大阪都構想と橋下政治の検証 ―府県集権主義への批判―
高寄昇三 1,200円

No.53 虚構・大阪都構想への反論 ―橋下ポピュリズムと都市主権の対決―
高寄昇三 1,200円

No.54 大阪市存続・大阪都粉砕の戦略 ―地方政治とポピュリズム―
高寄昇三 1,200円

No.55 「大阪都構想」を越えて ―問われる日本の民主主義と地方自治
大阪自治体問題研究所・企画 1,200円

No.56 翼賛議会型政治・地方民主主義への脅威 ―地域政党と地方マニフェスト―
高寄昇三 1,200円

朝日カルチャーセンタート地方自治講座ブックレット

No.1 自治体経営と政策評価
山本清 1,000円

No.2 行政評価システム
星野芳昭 1,000円

No.3 政策法務は地方自治の柱づくり
辻山幸宣 1,000円

No.4 ガバメント・ガバナンスと市民の権利擁護
金子勝 900円

No.5 格差・貧困社会における市民の権利擁護
富田哲 900円

No.6 法学の考え方・学び方 イェーリングにおける「秤」と「剣」
北村嘉宣

政策・法務基礎シリーズ
東京都市町村職員研修所編

No.1 政策法務の基礎 800円

No.2 これだけは知っておきたい政策立法の基礎 600円

No.3 これだけは知っておきたい自治立法の基礎

福島大学ブックレット『21世紀の市民講座』

No.1 外国人労働者と地域社会の未来
桑原靖夫・香川孝三 (著) 900円

No.2 住民による「まちづくり」の作法
今西一男 1,000円

No.3 (編著) 坂本恵 900円

自治体政策研究ノート

No.1 今井照 900円

No.2

地域ガバナンスシステム・シリーズ
(龍谷大学地域人材・公共政策開発システム オープン・リサーチ・センター企画・編集)

No.1 地域人材を育てる自治体研修改革
土山希美枝 900円

No.2 今なぜ権利擁護か ―ネットワークの重要性―
高野範城・新村繁文 1,000円

No.7 小規模自治体の可能性を探る
保母武彦・菅野典雄・佐藤力・竹内昱俊・松野光伸 1,000円

地方自治ジャーナルブックレット

No.3 使い捨ての熱帯林
熱帯雨林保護法律家リーグ 971円

No.4 自治体職員世直し志士論
村瀬誠 971円

No.8 市民的公共性と自治
今井照 1,166円 [品切れ]

No.9 ボランティアを始める前に
佐野章二 777円

No.10 自治体職員の能力
自治体職員能力研究会 971円

No.11 パブリックアートは幸せか
山岡義典 1,166円

No.12 市民がになう自治体公務
パートタイム公務員論研究会 1,359円

No.13 行政改革を考える
山梨学院大学行政研究センター 1,166円

No.14 上流文化圏からの挑戦
山梨学院大学行政研究センター 1,166円

No.15 市民自治と直接民主制
高寄昇三 951円

No.16 議会と議員立法
上田章・五十嵐敬喜 1,600円

No.17 分権段階の自治体と政策法務
松下圭一他 1,456円

No.18 地方分権と補助金改革
高寄昇三 1,200円

No.19 分権化時代の広域行政
山梨学院大学行政研究センター 1,200円

No.20 あなたのまちの学級編成と地方分権
田嶋義介 1,200円

No.21 自治体も倒産する
加藤良重 1,000円

No.22 ボランティア活動の進展と自治体の役割
山梨学院大学行政研究センター 1,200円

No.23 新版・2時間で学べる[介護保険]
加藤良重 800円

No.24 男女平等社会の実現と自治体の役割
山梨学院大学行政研究センター 1,200円

No.25 市民がつくる東京の環境・公害条例
市民条例をつくる会 1,000円

No.26 東京都の「外形標準課税」はなぜ正当なのか
青木宗明・神田誠司 1,000円

No.27 少子高齢化社会における福祉のあり方
山梨学院大学行政研究センター 1,200円

No.28 財政再建団体
橋本行史 1,000円 [品切れ]

No.29 交付税の解体と再編成
高寄昇三 1,000円

No.30 町村議会の活性化
山梨学院大学行政研究センター 1,200円

No.31 地方分権と法定外税
外川伸一 800円

No.32 東京都銀行税判決と課税自主権
高寄昇三 1,000円

No.33 都市型社会と防衛論争
松下圭一 900円

No.34 中心市街地の活性化に向けて
山梨学院大学行政研究センター 1,200円

No.35 自治体企業会計導入の戦略
高寄昇三 1,100円

No.36 行政基本条例の理論と実際
神原勝・佐藤克廣・辻道雅宣 1,100円

No.37 市民文化と自治体文化戦略
松下圭一 800円

No.38 まちづくりの新たな潮流
山梨学院大学行政研究センター 1,200円

No.39 ディスカッション・三重の改革
中村征之・大森彌 1,200円

No.40 政務調査費
宮沢昭夫 1,200円

No.41 市民自治の制度開発の課題
山梨学院大学行政研究センター 1,100円

「官治・集権」から
「自治・分権」へ

市民・自治体職員・研究者のための
自治・分権テキスト

《出版図書目録》
2011.6

公人の友社

112-0002　東京都文京区小石川5－26－8
TEL　03-3811-5701
FAX　03-3811-5795
メールアドレス　info@koujinnotomo.com

●ご注文はお近くの書店へ
　小社の本は店頭にない場合でも、注文すると取り寄せてくれます。
　書店さんに「公人の友社の『○○○○』をとりよせてください」とお申し込み下さい。5日おそくとも10日以内にお手元に届きます。
●直接ご注文の場合は
　電話・FAX・メールでお申し込み下さい。（送料は実費）
　　TEL　03-3811-5701　FAX　03-3811-5795
　　メールアドレス　info@koujinnotomo.com
　　　　　　　　　　　（価格は、本体表示、消費税別）